Arnd Brummer

Im Himmel sind die Allerletzten!

Arnd Brummer

Im *Himmel* sind die Allerletzten!

Notizen aus dem Leben

edition **chrismon**

Bibliografische Information der Deutschen Nationalbibliothek
Die Deutsche Nationalbibliothek verzeichnet diese Publikation in der Deutschen
Nationalbibliografie; detaillierte bibliografische Daten sind im Internet über
http://dnb.d-nb.de abrufbar.

Umschlaggestaltung: Ellina Hartlaub, Hansisches Druck- und Verlagshaus
Umschlagfotos: Patrick Strattner/plainpicture, Sven Paustian (Porträt)
Innengestaltung und Satz: Lisa Fernges, Hansisches Druck- und Verlagshaus
Druck und Bindung: BELTZ Bad Langensalza GmbH

ISBN 978-3-86921-288-3

Inhalt

Über Kommunikation, unspektakuläre Tugenden und die Notwendigkeit des Streitens

Über Fremdheit, Sicherheit und das Wagnis des Vertrauens

Vorwort

W as ich notiert habe" – so heißt die Kolumne in chrismon, die ich von Beginn an monatlich zu unserem Magazin beitrage. Kolumnisten sind ein schräges Volk. Sie wechseln Blickwinkel wie andere Leute Hemden und Straßenseiten. Manches, was anderen Menschen „normal" erscheint, ist den wandernden Hinguckern mit einem Male ein exotischer Vorgang und umgekehrt.

Meine Notizen haben somit keinen lehramtlichen Charakter. Sie sind oft in einem Sinne geschrieben, wie es mir die Lehrer zu Jugendzeiten schon in Zeugnissen attestierten: „Brummer mangelt es am nötigen Ernst!" So ist es geblieben. Deshalb bin ich auch nie der Zentralorganisation des belehrenden Hand- und Mundwerks beigetreten, dem HFB (Humorfreies Bündnis).

Was aber nicht heißt, dass ich nicht doch – hin und wieder – ernsthaft werde, wenn es sich nicht umgehen lässt, wenn es um Freiheit geht oder grundsätzlich um menschliches Leben. Wenn Freiheit und Leben bedroht werden, da hört selbst für einen wie mich der Spaß auf.

Gott sei Dank – im wahrsten Sinne des Wortes – ist jedoch in unserer alltäglichen Existenz noch reichlich Raum für die lockere, liebende, warmherzige Nähe, die Humor und Halbernst ermöglichen. Meine Großeltern haben mich gelehrt, dass andersartige Mitmenschen mit einem Lächeln zu erreichen und gut auszuhalten sind. Schimpfen und Nörgeln ärgern die anderen, ohne dass man selbst dabei lebensfroher und zufriedener wird.

In diesem Sinne bitte ich um Milde und Großmut, wenn Ihnen eine Kolumne in diesem Bändchen Unbehagen bereiten sollte. Gerne aber fordere ich die Lesenden heraus. Wenn Sie sich also herausgefordert fühlen, lassen sie es andere wissen. Teilen Sie ihnen mit: So etwas Blödes habe ich schon lange nicht mehr gelesen! Manchmal – das erfahre ich in Leserbriefen – kommt dann die Reaktion der Partnerin oder des Freundes: Gib mal her, lass mich mal lesen! Und schließlich: Wieso? So doof ist das gar nicht, was der Brummer da notiert hat!

Mit diesem Prinzip Hoffnung lade ich Sie herzlich zur Lektüre dieses Bändchens ein.

Arnd Brummer

Über Gottesbilder, Areligiöse und meine Vorstellungen vom Himmel

Nur mal 'ne Frage,
ich bin ja nicht gläubig:
Wie ist das mit

Gott?

Du arbeitest für die Kirche?", fragte mich Ferdi, als wir gemeinsam am Sportplatz auf unsere Kinder warteten. „Das sieht man dir gar nicht an." Ferdi montiert Einbauküchen. Wie sieht ein Küchenbauer aus? „Na, normal halt." Wie Leute, die für die Kirche arbeiten. „Nee", druckste Ferdi rum, „du weißt schon, was ich meine. Ich bin ja nicht gläubig. Ich meine… ich wollte… ich hab' da eine Frage. Und ich dachte… Als mir die Sabine erzählt hat, dass du… ich hab' das eben nicht vermutet."

Ferdi, ich bin kein Pfarrer. Ich bin Journalist. „Mhmm", brummte Ferdi, schob die Unterlippe vor, legte die Stirn in Falten und bohrte seine Hände noch tiefer in die Taschen seiner Jacke. „Ich meine… du bist doch aber… du bist doch sicher fromm? Ich meine… wenn du für die Kirche arbeitest, bist du doch sicher gläubig, oder?"

Was konnte der Mann von mir wollen?, fragte ich mich, während er verlegen von einem Bein aufs andere trat. Unsere Jungs spielten in derselben Mannschaft. Wir hatten schon einige Nachmittage nebeneinander am Spielfeldrand gestanden, wenn die FV-Jugend um Punkte kämpfte. Wir hatten auch schon miteinander geredet. Über Fußball. Über die Söhne. Über Autos. Über das Wetter. Was man eben so redet, wenn man einander eigentlich nicht näher kennt. Was wollte er?

„Ich meine… ist vielleicht blöd jetzt…" Nee, sag' schon! „Ich meine… willste 'nen Kaffee?" Ich nickte. Er schraubte seine Thermosflasche auf, füllte einen Plastikbecher und gab ihn mir. „Also… aber, wenn ich dich nerve, sagst du es mir gleich, o. k.?" O. k. „Also …bei mir zu Hause waren Kirche und Gott und so kein Thema. Kein Thema. Mein Alter und meine Mutter haben nie darüber geredet. Ich meine… gar nix… auch nicht gespottet und negativ… gar nix. Aber mich beschäftigt das jetzt eben…" Pause. „…ich meine… ich möcht' halt wissen, wie das so ist, wenn man glaubt. Und ich dachte, wenn du für die Kirche arbeitest… nicht, dass ich da eintreten will… ich meine, wie ist das mit Gott? Glaubst du… Mist… das klingt jetzt blöd, oder? …bist du überzeugt, dass nich Ende ist, wenn wir tot sind?" Ja, sagte ich, ich glaube, dass nicht Ende ist. „O. k.", murmelte Ferdi, „wollte ich nur mal wissen. O. k." Er sah auf die Uhr. „Is bald aus. Die spielen ja nur zweimal 30 Minuten. Tschuldigung." Keine Ursache.

Der Schiedsrichter pfiff tatsächlich Sekunden später das Spiel ab. Die Jungs hatten verloren, wieder mal. Verdrossen trabten sie auf uns zu. Der meine haderte mit dem Schiedsrichter. „Das war doch ein klarer Elfer. Der hat mich doch im Strafraum umgerissen. Und er hat nicht gepfiffen!" Ferdis Sohn Lukas weinte vor Zorn. Sein Vater legte ihm den Arm um die Schulter, strich ihm über die strubbeligen und verschwitzten Haare. „Nächstes Mal gewinnt ihr wieder. Habt doch nich schlecht gespielt. Das wird schon. Ganz sicher. Ihr müsst nur dran glauben – nur dran glauben." Und dann kniff er ein Auge zu, lächelte, gab seinem Lukas einen aufmunternden Klaps auf den Rücken und zitierte Udo Lindenbergs alten Song: „Hinterm Horizont geht's weiter! Ganz sicher." Nur dran glauben, wiederholte ich, das isses.

In der Bibel kommt sogar ein Lukas vor. Wusste ich gar nicht mehr

Ferdi sah mich schweigend an, schüttelte kaum merklich den Kopf. „Bis nächsten Samstag", sagte er, „Heimspiel. Und hoffentlich kein solches Sauwetter wie heute."

Heimspiel. Ich stand mit Oskars Mutter Sabine an der Auslinie. Ferdi fehlte. Zur zweiten Halbzeit tauchte er auf. Knappe Begrüßung. Wir verfolgten den Kick. Sieht gut aus, berichtete ich, die Jungs führen zwei zu null. „Nur dran glauben – das isses", sagte Ferdi plötzlich und schwieg wieder. Nach ein paar Minuten – wir hatten uns gerade über das dritte Tor gefreut – packte er mich am Arm: „Gut, Mann! Da haste mir was mitgegeben. Hat mich die ganze Woche beschäftigt." Tschuldigung, antwortete ich, so hatte ich das nicht gemeint. „Nee, lass doch!", reagierte er fast ärgerlich, „war gut, Mann, habe ich gesagt. So isses doch! Meine Frau hat noch so 'ne alte Bibel, hab' ich mal reingeschaut. Gibt sogar einen Lukas drin. Wusste ich gar nicht mehr."

Ich bin groß, stark, mutig, weise und *glaubwürdig!*

Über Behauptungen, die verkappte Bitten und Gebete sind

Ich bin gut. Ich habe Kraft. Ich werde siegen. Sportpsychologen halten das Wiederholen von positiven Selbstsuggestionen für ein wesentliches Element des Erfolgs. Einer der prominentesten Vorkämpfer dieser Methode ist vor einigen Jahren in den sportlichen Ruhestand gegangen: Oliver Kahn. Seine Trainer fanden durch die Bank, er sei ein „positiver Typ", weil sich bei ihm unbändiger Ehrgeiz mit der Gabe vereine, sich selbst immer und immer wieder psychologisch aufzurichten.

Was Oliver Kahn tatsächlich auszeichnet, ist der Umstand, dass er die Methode der „Ich-Affirmation" auf seine Mannschaftskollegen auszudehnen wusste, also eigentlich „Wir-Affirmation" betrieb: „Der FC Bayern muss immer Titel gewinnen. Wir haben vor niemandem Angst. Weiter, immer weiter! Wer hart arbeitet, wird irgendwann belohnt!" Damit konnte er Kollegen aus dem tiefen Tal der

Selbstzweifel holen, sie mit neuem Treibstoff versorgen. In Mannschaftssportarten sind solche Akteure unersetzlich.

Aber jeder, der Sport treibt, weiß andererseits genau, dass die nächste Niederlage so sicher ist wie das tödliche Ende des Erdenlebens. Muhammad Ali sagte: „Ich bin der Größte." Und er prophezeite seinem Gegner: „Ich werde dich zerstören. Nach dem Kampf wirst du dich fühlen, als hätte dich ein Lastwagen überfahren." Er unterlag Joe Frazier. Der Turner Fabian Hambüchen erzählte in jedem Interview vor den Olympischen Spielen in Peking, dass er fest von seinem Sieg am Reck und der Goldmedaille überzeugt sei. Er griff an seinem Paradegerät mehrfach daneben und musste lernen, sich über einen dritten Platz zu freuen. Im Sport enden Niederlagen glimpflich. Die Ich-Affirmation in kriegerischen Auseinandersetzungen wurde und wird oft genug tödlich widerlegt.

Ein schwieriges Feld für positive Autosuggestion ist der demokratische Wettbewerb in der Politik. Zu häufig ist für die Wählerinnen und Wähler nicht erkennbar, ob ein Wahlkämpfer oder eine Wahlkämpferin sich mit suggestiven Aussagen an sich selbst oder an das Publikum wendet. Als Barack Obama als US-Präsidentschaftskandidat ausrief „Yes, we can. Yes, we can change!" (Wir können die Wende schaffen!), meinte er mit dem „Wir" sich, seine Partei und seine Wähler. Er formulierte ein gemeinsames Ziel.

Als die amerikanische Bürgerrechtsbewegung „We shall overcome" (Wir werden das Schicksal meistern) sang, hieß die erklärende Zeile dazu im Liedtext: Tief in meinem Herzen fühle ich es. Es ging um eine Kernwahrheit des Glaubens, um Hoffnung in ausweglosen Zeiten. Der Adressat des Rufes, wie ihn ähnlich die aus Afrika verschleppten Sklaven auf den Baumwollfeldern Amerikas anstimmten, war nicht das eigene Ich. Die spirituelle Kraft entspringt dem Du, gleich wo man es vermutet – im Himmel oder in der eigenen Seele. Letztlich verkleidet sich hier ein Gebet als affirmative Aussage: Gib uns Kraft, o Herr.

Ich bitte dich, lass mich glaubwürdig bleiben. Steh mir bei!

Die meisten Leute haben ein ganz gutes Gespür dafür, wie glaubwürdig Bitten und Ich-Affirmationen sind. Und sie können in der Regel auch ganz gut unterscheiden, ob jemand aus tiefer Not schreit oder mit dem Hinweis, er sei stark, groß, unbesiegbar, nur hohle Überheblichkeit abstrahlt. Schön getroffen hat es Albert Lortzing in seiner Oper „Zar und Zimmermann" mit der Arie des Bürgermeisters van Bett: „O, ich bin klug und weise…" Kann jemand sich selbst Weisheit attestieren? Klingt absolut peinlich.

„Ich bin eine glaubwürdige Politikerin, weil ich das, was ich heute sage, morgen auch tue." Das hat die hessische SPD-Politikerin Andrea Ypsilanti während des Wahlkampfs im Januar 2008 in einem Interview gesagt. Glaubwürdigkeit kann man sich eigentlich so wenig selbst zuerkennen wie Weisheit. Nehmen wir zu Ypsilantis Gunsten an, dass es sich bei diesen Aussagen um eine positive Autosuggestion handelt, um eine spirituelle Ich-Affirmation, um ein verkapptes Gebet: „Gott, ich bitte dich, lass mich glaubwürdig bleiben und morgen tun, was ich heute sage. Und lass mich nicht im Stich, wenn ich es nicht schaffe!"

Gott ist ein
Liebender.
Ein bisschen mehr
Gottesähnlichkeit täte
uns allen ganz gut

I ch habe über Gott nachgedacht, neulich abends. Dem früheren Papst Benedikt XVI. sei Dank. Zur Eröffnung der Bischofssynode im Oktober 2012 in Rom hatte der Papst „eine gewisse moderne Kultur" attackiert und ihren „todbringenden und zerstörerischen Einfluss" auf die Identität von Nationen, „die einst reich an Glauben und Berufung waren". Als typischen Vertreter dieser Kultur beschrieb Benedikt einen Menschen, „der beschließt, dass ‚Gott tot ist', und sich selbst zum Gott erklärt, der sich für den einzigen Meister seines Schicksals hält, den absoluten Besitzer der Welt".

Ich beobachte bei mir seit Längerem eine Bereitschaft zum Kulturpessimismus. Der Niedergang der Sitten, die emotionale Verwahrlosung allerorten, die allgemeine Oberflächlichkeit – es scheint das Vorrecht alternder Menschen zu sein, das Sein ihrer Mitmenschen mit ätzender Kritik zu begleiten. Es gibt einem das Gefühl der Erhabenheit, wenn man sich im kleinen Kreis darüber austauscht, dass die Welt schlecht ist und immer schlechter wird. Da hört man Sätze wie die des Papstes eigentlich gern.

Seltsamerweise fand ich mich aber in den Anmerkungen des Theologen auf dem Papstthron überhaupt nicht wieder. Ja, sie weckten in mir einen zunächst unreflektierten Widerstand. Ich begann zu überlegen, wen Benedikt gemeint haben könnte. Ich ließ die mir bekannten Menschen geistig an mir vorüberziehen, darunter eine große Zahl von Leuten, die mit dem Glauben wenig bis nichts am Hut haben. Viele von ihnen haben sich nie oder lange nicht mehr mit Gott beschäftigt. Und auf die Frage, ob es Gott gibt, würden sie mutmaßlich antworten: Weiß ich nicht, interessiert mich nicht, brauch ich nicht. Oder: Kann sein, vielleicht, vielleicht auch nicht. Ziemlich sicher würde aber niemand von ihnen sagen: „Ich bin Gott. Ich bin der einzige Meister meines Schicksals. Ich bin der absolute Besitzer der Welt."

Der störrische Geist Georg Christoph Lichtenberg nannte Gott einmal die „personifizierte Unbegreiflichkeit". Ich gestehe, es ist ein wenig trickreich, was ich jetzt tat. Ich fragte mich, ob es irgendeinen Menschen gibt, der sich selbst zur „personifizierten Unbegreiflichkeit" erklären würde. Ich kam zu dem Ergebnis: Ich kenne niemanden, der dies täte. Nicht einmal Investmentbankern traue ich das zu.

Nun verfüge ich nicht über die große Lebenserfahrung Benedikts. Ich bin darauf angewiesen, mich auf meine bescheidene Wahrnehmung zu verlassen. Und die sieht etwa so aus: Es gibt – und gab zu allen Zeiten – Menschen, die ihre Möglichkeiten weit überschätzen. Sie neigen zu Selbstgerechtigkeit, Ignoranz und Grausamkeit. Es mangelt ihnen an Demut und Einsicht in die Grenzen des Machbaren. Aber die Mehrheit von ihnen wird schon zu Lebzeiten mit genau diesen Grenzen konfrontiert. Und die letzte dieser Grenzen heißt eigenes Sterben.

Die Kultur der Überheblichkeit, die der Papst geißelte, ist eine altvertraute Gefahr, keineswegs eine moderne Erscheinung. Auch mächtige Kirchenfürsten sind ihr erlegen. Sie ist, ganz schlicht gesagt, eine mögliche Antwort auf die Sterblichkeit: zorniges Aufbegehren gegen oder Ausblenden der Endlichkeit.

Menschenverächter sind Gottesverächter, meinte ein gewisser Jesus

Das Problem der ganzen Geschichte ist meines Erachtens nicht die Neigung, sich selbst für Gott zu halten, sondern die Missachtung der Nächsten. Wer aufhört, in den Mitmenschen Ebenbilder Gottes, Kinder Gottes zu sehen, beginnt, sich selbst als Abbild des Göttlichen zu verachten. Menschenverächter halten sich nicht für Gott, sie sind Gottesverächter. So verstehe ich jedenfalls, was uns ein gewisser Jesus von Nazareth gesagt hat. Für Christen, glaube ich, kann das nur heißen, auch in den Gottlosen Kinder Gottes zu sehen. Das ist schwer zu akzeptieren, vielleicht sogar für einen Papst. Was ist zu tun? Man muss das Unbegreifliche versuchen. Man muss sie lieben. Man muss ihnen ermöglichen, Schwäche zu zeigen und zu erkennen, dass darin Stärke liegt. Gott ist ein Liebender. In diesem Sinne tut ein bisschen mehr Gottesähnlichkeit uns Menschen ganz gut, zumindest aus christlicher und jüdischer Sicht.

Wie viel
Religion
steckt in der Feststellung:
Das war heute
nicht mein Tag?

Wir haben alles Menschenmögliche versucht, aber der Erfolg blieb uns verwehrt", sagen die Ärztin, der Trainer, die Fraktionsvorsitzende und der Katastrophenhelfer unisono nach der Operation, dem Spiel, der Finanzkrise und dem Notfalleinsatz. Sie haben nach bestem Wissen und Gewissen operiert, im wörtlichen wie im übetragenen Sinn. Sie sind enttäuscht, sie wissen nicht weiter, sie sind ratlos. Sie appellieren an das Publikum: Glaubt uns, an uns hat es nicht gelegen, dass sich der Erfolg nicht einstellen wollte.

Was bedeutet „alles Menschenmögliche"? Wäre es nicht ehrlicher, die Verlierer würden formulieren: Wir haben die uns zu Gebote stehenden Techniken, Kenntnisse, Erfahrungen und Mittel in dieser konkreten Situation und an diesem bestimmten Ort angewendet, ohne damit unser Ziel zu erreichen? Oder: Die Sache war eine Nummer zu groß für uns? Oder: Der Gegner war stärker, besser vorbereitet, von Anfang an überlegen?

Spüren Sie auch, wie sich Unwille in Ihnen ausbreitet? Manchmal ist der Grat schmal zwischen allgemein menschlicher Erfolglosigkeit und persönlichem Versagen. Und je nach Blickwinkel steckt in der einen Version der Fluchtpunkt in die Transzendenz und in der anderen deren mutmaßlicher Ausschluss.

Wenn etwas, das außerhalb unserer Möglichkeiten liegt, für unsere Niederlagen verantwortlich ist, weil wir bis zur Grenze des Menschenmöglichen alles versucht haben, kann man dieses „Etwas" auch Gott, Götter, Mächte oder Schicksal nennen. Dies ist eine religiöse Einordnung. Religion steckt übrigens bereits in der harmloseren, gerne mit einem Achselzucken abgegebenen Erklärung: Das war heute einfach nicht mein Tag. Die extreme Variante dieser Weltsicht nennt man Fatalismus: Da kannst du eh nichts machen, es ist, wie es ist, es kommt, wie es kommt.

Es lohnt sich, die eigene Scheu zu überwinden

Die andere Haltung – „ich übernehme die Verantwortung für mein Versagen" – hat nicht weniger weitreichende Konsequenzen. Wer so spricht, teilt mit: Dass wir es nicht geschafft haben, liegt an uns und an den Umständen. Wenn das die Beteiligten selbst erklären, nennt man dies Eingeständnis. Es klingt honorig und rechtschaffen. Und doch steckt möglicherweise auch darin ein Problem: ein Stück Selbstüberforderung, Selbstüberschätzung.

Die große Herausforderung – sie ist eines der Lieblingsthemen der großen Philosophen, Literaten und Theologen vieler Epochen – für die Menschen ist es, beide Sphären zu akzeptieren, sie auszubalancieren, das Machbare zu verändern und das außerhalb unserer Möglichkeiten Liegende zu akzeptieren. Das Schwierigste dabei bleibt, das eine vom anderen unterscheiden zu können.

In jedem Fall, das ist die jüdisch-christliche Erfahrung mit dem Thema, scheint es sinnvoll, auf Gnade zu hoffen und selbst gnädig miteinander zu sein. Man darf von Mensch zu Mensch durchaus erwarten, dass der oder die Nächste selbstkritisch überprüft, ob er oder sie die gegebenen Möglichkeiten wirklich ausgeschöpft, sich genügend eingesetzt, lange und intensiv genug gekämpft hat. Nicht das Scheitern selbst ist das Problem, sondern der Umgang damit.

Viel schlimmer als Versagen ist es, wenn man es gar nicht versucht, lautet eine Lebensweisheit. Ich kann nicht widersprechen, trotz aller spontanen Abneigung gegen häufig Wiederholtes. Gerade in der Fasten- und Passionszeit eignet sich diese Perspektive hervorragend, das eigene Tun und Lassen zu reflektieren und gegebenenfalls zu korrigieren. Es lohnt sich, wie es zum Beispiel im Motto der Fastenaktion „7 Wochen Ohne" im Jahr 2010 hieß, die eigene Scheu zu überwinden und den Mitmenschen näherzukommen. Und wenn der Nachbar den Gruß nicht erwidert, die Schwester die endlich ausgesprochene Anerkennung nicht zur Kenntnis nimmt, muss man weder bekennen, man habe versagt, noch ungnädig reagieren. Vielleicht war es einfach der falsche Augenblick, die falsche Lautstärke, das falsche Wort. Vielleicht war es einfach nicht Ihr Tag. Hauptsache: Sie haben das Ihnen Mögliche versucht!

Ich weiß genau, wie ich mir *die Zukunft* vorstelle. Nur, ob es wirklich so kommt?

Was willst du einmal werden? Die Frage mochte ich schon als Kind nicht leiden. Na? Sag schon! Wenn mich Erwachsene bedrängten, habe ich dann doch artig geantwortet. Gut gefiel ihnen „Millionär", mir eigentlich auch. Ich weiß nur bis heute nicht, wie man es tatsächlich wird. Jetzt fragen mich meine Bekannten, wie ich gerne im Alter leben möchte und wo. Weiß ich nicht. Diese Antwort mögen sie alle nicht. In der Stadt? Ja, vielleicht; wegen der kurzen Wege zur Kultur. In einem Wohnprojekt? Gegenfrage: Mit wem?

„Sie sind doch jetzt über fünfzig", redete mir eine Kollegin ins Gewissen, „da muss man anfangen, das Alter zu planen. Sonst sitzen Sie eines Tages hilflos und krank in einem Haus, das überhaupt nicht altersgerecht ist. Es ist also nur vernünftig, wenn man frühzeitig regelt, wie man dann leben möchte." Ich bin – ganz gegen meine Natur

– regelrecht verstummt vor so viel geballter Weitsicht. Ich gestehe, dass einer meiner Lieblingssätze heißt: Das besprechen wir ein andermal. Oder: Das regeln wir später. Die höfliche Variante von: Lass mich mit dem Quatsch in Ruhe! und: Interessiert mich nicht!

Es mag vernünftig sein, mit fünfzig zu planen, wie und wo man mit siebzig leben will. Wenn man dann noch lebt. Mein Vater versprach meiner Mutter, er werde im Ruhestand mit ihr nach Ägypten reisen, ins von ihr heiß geliebte Land der Pyramiden. Leider kam es nicht dazu, weil er acht Jahre vor dem Eintritt ins Rentenalter starb. „Daher kommt das bei dir! Du bist also traumatisiert", psychologisierte die Kollegin. Ich konnte es ihr nicht ausreden, obwohl ich mich keineswegs so fühle. Ich wollte nur darauf hinweisen, welche Grenzen unseren Plänen auferlegt sind.

Natürlich kann ich sagen, wie ich mir das Paradies vorstelle. Und das wäre zugleich die exakte Antwort auf die Frage, wie ich leben möchte – im Alter, aber gerne auch schon früher. Nur würde mich die Antwort als hoffnungslosen Fantasten entlarven, wie es schon der „Millionär" als Berufsziel tat. Denn nichts anderes bedeutete der Ausruf der Tante damals: „Ist er nicht süß!"

Aber es gibt noch absurdere Fragen. Zum Beispiel: Wie soll dein Begräbnis aussehen? Da sollten sich die potenziellen Toten meiner Ansicht nach zurückhalten und das lieber den Angehörigen überlassen. Trauerfeiern sind eine Veranstaltung für die Hinterbliebenen; die sollen entscheiden, wie sie sich verabschieden wollen. Der Verstorbene hat den Abschied dann schon hinter sich. Und falls ein Weiterleben nach dem Tod bedeuten würde, tatsächlich noch in die

Welt der Irdischen blicken zu können, nehme ich für mich in Anspruch, dass ich mich am wenigsten mit der Frage herumquälen würde, ob der Sarg teuer genug für meine sterblichen Überreste wäre.

Noch so ein Beispiel obszöner Fragerei ist mir neulich in einem TV-Porträt begegnet. Fragt die Interviewerin den alternden Fernsehstar: „Und wie möchten Sie dem Publikum in Erinnerung bleiben?" Dumme Fragen erkennt man daran, dass nur eine Antwort zu erwarten ist. In diesem Fall: gut. Mich hat mal ein Kellner angesprochen: „Wir haben heute nur Braten mit Kartoffelbrei. Was wollen Sie essen?" Hungrig wie ich war, hätte ich natürlich auch „nix" antworten können.

Freiheit ist wichtig.
Aber noch wichtiger ist die Liebe

Zurück zum Leben im Alter. Ich wünsche mir – wie alle –, möglichst gesund, mit möglichst wenig Einschränkungen, möglichst lange, möglichst jeden Tag entscheiden zu können, ob ich im Bett bleibe, ob ich mir was koche, ob ich spazieren gehe oder aufräume, ob ich lese oder fernsehe oder mit Freunden quatsche. Und falls ich auf Hilfe angewiesen sein sollte, wünsche ich mir, dass mich die Helfenden liebenswürdig, nachsichtig und respektvoll behandeln. Es geht mir um Liebe und um Freiheit. Die Liebe nenne ich zuerst. Denn notfalls, aber wirklich nur notfalls, wäre ich sogar bereit, auf die Freiheit zu verzichten, keinesfalls aber darauf, geliebt zu werden und lieben zu dürfen. Na? Das sind doch ziemlich konkrete Vorstellungen, oder?

Es gibt
eine Not, in der man
das Beten
verlernt. Da hilft
nur noch schimpfen
und zetern

Einige Leserinnen und Leser haben es als respektlos empfunden, dass der Romanautor Martin Suter in chrismon mit dem Satz zitiert wurde, er habe mit Gott, falls es ihn gebe, „noch ein Hühnchen zu rupfen". Er nehme ihm nämlich den Tod seines dreijährigen Sohnes übel. So könne man nicht mit Gott reden, klagten die Schreibenden, wo bleibe der Respekt, wo die Ehrfurcht?

Diese Klage wiederum kann ich nicht nachvollziehen. Ich halte es für ein Zeichen des Glaubens, ja einer innigen, ganz persönlichen Beziehung, einer großen Intimität, dem allmächtigen Gott auf Du und Du seine Verzweiflung, seinen Zorn entgegenschreien zu können. Es ist der Vater, mit dem ich rede, der liebende Vater, dem ich zeigen kann, dass ich mich sauschlecht fühle, ohne dass er mir das übelnimmt. Es ist der Gott des Bruders Jesus, dem ich genau jene Fragen ins Gesicht schleudern kann, die mir kein

Mensch beantworten kann. Warum-Fragen sind es, wie sie Jesus selbst am Kreuze hängend ausstieß: „Mein Gott, warum hast du mich verlassen?"

Der hannoversche Altbischof Horst Hirschler erzählt zu dem Thema gerne eine kleine Geschichte: „Sie sind mit dem Fahrrad unterwegs. Auf freier Strecke springt die Kette ab. Sie versuchen, sie wieder aufzuziehen, und schimpfen vor sich hin: Scheißding! Mit wem reden Sie? Mit dem Fahrrad? Tote Materie – das wissen Sie. Mit sich selbst? Sie sind doch das Opfer des Missgeschicks. Weit und breit ist niemand anderes zu sehen. Mit wem reden Sie? Deshalb sage ich, schimpfen ist eine Vorform des Betens."

Mein Gott kann das ab. Er sieht in die Herzen. Und er weiß, dass die Einsicht „Dein Wille geschehe" manchmal schwerfällt. Er ist ein Gott, der mich versteht, selbst dann, wenn ich ihn gar nicht verstehe. Und er ist ein Gott, der mich liebt, selbst dann, wenn ich meine, ihn gerade nicht lieben zu können.

Wer mit Gott ein Hühnchen rupfen will, ist mir sehr nahe

Vor allem aber ist er großzügig. Wenn ihn ein Suter oder Brummer oder sonst wer anpflaumt: „Mit dir habe ich noch ein Hühnchen zu rupfen" – wird er nicht wüten und strafen, sondern lächeln. Und Brummer oder Suter oder sonst wer wird ihn, müde vom Zetern, bitten können wie Joseph von Eichendorff: „Was ich wollte, liegt zerschlagen, / Herr, ich lasse ja das Klagen, / Und das Herz ist still. / Nun aber gib auch Kraft, zu tragen, / Was ich nicht will!"

Noch ein anderer Zeuge gefällig? Der große Religionsphilosoph Romano Guardini hält das Sprichwort „Not lehrt beten" höchstens für die halbe Wahrheit. „Ebenso wahr ist, dass man in der Not das Gebet verlernt." Es gebe eine Not, die stumm mache, die das Beten verhindere.

Ich halte es für vermessen, den Hadernden und vom Schmerz Gepeinigten vorzuschreiben, wie sie sich an Gott zu wenden haben. Ein Gott, der nur Anträge entgegennimmt, die formal die nötigen Ehrfurchtsgesten enthalten, kann kein Gott der Liebe sein. Er hätte sich erbost abgewandt zum Beispiel von jenem, der im 69. Psalm bekennt: „Ich habe mich müde geschrien, mein Hals ist heiser. Meine Augen sind trübe geworden, weil ich so lange harren muss auf meinen Gott." – „Tut mir leid", hätte der Gott der Etikette und des anständigen Tons geantwortet, und zwar per Sie, „ich hätte Ihnen geholfen, wenn sie nicht so rumgeschrien hätten. Aber nun müssen Sie eben sehen, wie Sie zurechtkommen." Puuuh, grauslig!

Der Zweifel, das Hadern sind Formen des Glaubens. Und für mich sind sie etwas zutiefst Menschliches.

„Ich wusste doch, dass ich einen Sterblichen gezeugt habe", soll ein Stoiker knapp geantwortet haben, als ihm der Bote die Nachricht vom Tod seines Sohnes überbrachte. Sprach's und machte sich wieder an die Arbeit. Wem solche Kühle imponiert, braucht keine Adresse für „die Stimme seines Flehens". Entweder ist er bereits erlöst oder vollständig gefühlskalt, oder er wird irgendwann einen Preis für selbstzerstörerische Verdrängungsversuche bezahlen. Mir ist der Hühnchen rupfende Martin Suter sehr nahe. Und meinem Gott ist er es wahrscheinlich auch.

Warum soll Gott Geschöpfe bestrafen, die er als *Sünder* geschaffen hat? Über Atheisten und einen guten Jahrgang

Neulich traf ich Pit nach vielen Jahren wieder. Zufällig, an der Kasse im Baumarkt. Ich wusste gar nicht, dass wir in derselben Gegend leben. Wir erkannten einander sofort. Und da wir beide nicht in Eile waren, gingen wir einen Kaffee trinken. Als ich Pit kennenlernte, war er überzeugter Atheist und deklinierte den einen Satz des Philosophen Ludwig Feuerbach rauf und runter, wonach der Mensch Gott nach seinem Bilde geschaffen habe und nicht umgekehrt. Sobald Pit volljährig war, trat er aus der Kirche aus, wollte mit dem „Pfaffengeschwätz" nichts mehr zu tun haben. Er studierte Architektur, engagierte sich für eine linke Splittergruppe und in der Friedensbewegung.

Wir trafen einander in Stuttgart, wo ich damals arbeitete, häufiger auf Festen, weil sich unsere Bekanntenkreise überschnitten. Und obwohl uns politisch wie religiös mehr trennte als vereinte, kamen wir gut miteinander aus. Manche mieden uns auf diesen Feten, weil wir, wie es einer meiner Kumpels formulierte, „nächtelang darüber stritten, wer Himmel und Erde erschaffen hat". Als wir beide das Schwäbische hinter uns ließen, verloren wir einander aus den Augen.

„Na", eröffnete Pit die Unterhaltung, „und jetzt arbeitest du also für die Firma Gott und Sohn, machst dieses Heft." Und er? Rentner, aber mit Leib und Seele Hobbywinzer mit einer kleinen Rebfläche vor den Toren von Mainz. Und immer noch „gottfrei", wie er sich selbst früher bezeichnet hatte? „Klar, dass du das fragst. Eigentlich schon. Aber nachdem ich den Marxismus als Welterklärung ad acta gelegt habe, fühle ich mich merkwürdig."

Wir kamen auf Fukushima zu sprechen, auf Erdbeben und Flutwellen. Er runzelte die Stirn, senkte die Stimme und raunte mir zu: „Die gequälte Erde setzt sich zur Wehr, sie schlägt zurück!" Also doch gläubig? „Nein, keine Spur!" Warum redet er dann wie die Alten von der Erde als Wesen? Als wäre sie die geschundene Göttin – Gäa oder Demeter? Warum rückt er Erdbeben und Flutwellen in die Nähe „göttlicher Strafen" vom Typ Sintflut?

Er schweigt. Dann murmelt er: „Genau das frage ich mich auch. Ich suche eine Erklärung. Und dabei merke ich, dass ich ein religiöses Vokabular benutze, dass ich gar keine anderen Begriffe kenne." Noah und die Flut, der Turmbau von Babel, die Apokalypse. „Wie geht dir das, als frommem Bruder?" Höre ich da Polemik? „Ein bisschen."

Also gut: Ich glaube nicht an einen strafenden Gott. Ich halte es da mit dem evangelischen Theologen Friedrich Schleiermacher. Ich glaube an einen Gott, der wusste, was er tat, als er Menschen schuf. Er hat nicht zufällig fehlbaren

Typen das Leben eingehaucht, die einen freien Willen haben, nach Erkenntnis streben und dabei alle möglichen Torheiten begehen. Und den größten Mist machen sie, wenn sie es gut meinen. Warum aber soll Gott sie dafür bestrafen, dass er sie so geschaffen hat?

Gefiel ihm nicht, dem alten Streitfreund, gefiel ihm gar nicht. „Dann können wir ja machen, was wir wollen!" Nein, es gibt Maßstäbe und die Fähigkeit, aus Fehlern und Sünden zu lernen, auch aus denen, die wir begehen, weil wir eigentlich etwas Gutes tun wollen. „Und wie heißt der Maßstab? Hä? Der heißt doch: Etwas ist gut, wenn es Gott gefällt. So sagt ihr das doch! Also ist es schlecht, wenn es ihm nicht gefällt! Und dann droht die Strafe."

Der Maßstab! Wie heißt der Maßstab? Sag es!

Ich wollte nicht ins Predigen kommen. Aber er ließ mich nicht gehen: „Was ist der Maßstab? Sag es!" Der Maßstab Jesu Christi heißt: Menschenliebe. Ich sah ihn denken, denken und endlich lächeln: „Das hört sich einfach an, ist aber, wie du wahrscheinlich auch weißt, extrem schwer. Gnade Gott!" Da fiel ich dem alten Pit ins Wort: Das ist übrigens das Wichtigste, was er da gerade gesagt hat: Bei jedem Fehler, den wir gemacht haben und den wir erkennen, dürfen wir auf die Gnade Gottes hoffen, der seine Geschöpfe liebt. Schweigen. „Hört sich gut an – aber ob ich so was glauben kann? Ich glaub nicht. Aber schön, dich mal wieder getroffen zu haben." Tschüss, Pit, viel Spaß im Weinberg! „Und die Gnade eines guten Jahrgangs!" Genau.

Warum etwas

wahr

sein kann, was sich
jemand mal
so ausgedacht hat

Pfingsten!" Wolfgang, mein Kumpel aus uralten Zeiten, war richtig in Fahrt. „Das ist doch alles erfunden. Dieses Aposteltreffen in Jerusalem hat sich dieser Grieche ausgedacht, dieser Evangelist Lukas. Der war nie in Jerusalem, hab ich gelesen." Ich gab ihm recht, was Wolfgang verwirrte. Als Jurist und Agnostiker, als wissenschaftlich kritischer Mensch, sieht er mich, den er mag, irgendwie als liebenswert rückständigen Menschen an.

„Du gibst tatsächlich zu, dass sich dieser Lukas die Pfingststory nur ausgedacht hat?" Ja, das halte ich für wahrscheinlich, ließ ich Wolfgang wissen. Ich würde lediglich das „nur" vor „ausgedacht" streichen. „Das sagst du. Und du behauptest, Christ zu sein. Ihr Christen, gerade die evangelischen, müsst doch die Bibel Wort für Wort glauben." Ja, stimmt, war meine Antwort. „Aber du hast doch gerade bestätigt, dass die Geschichte nicht wahr ist, genauso wenig wie vermutlich die von Weihnachten – übrigens auch Lukas." Nein, das habe ich nicht bestätigt. „Komm, fang

jetzt nicht an, spitzfindig zu werden! Kirchengeschichtler – Kirchengeschichtler! – sagen, dieser Lukas habe seine Geschichten vermutlich so um 90 nach Christi Geburt
aufgeschrieben, 50 bis 60 Jahre nach diesem sogenannten
Pfingsten und zwar irgendwo in Griechenland, in Theben
oder so." Ich nickte. Lukas hat sich die Pfingstszene in der
Apostelgeschichte ausgedacht und die Bethlehemgeschich-
te am Beginn seines Evangeliums ebenso. Beide sind historisch nicht belegt. Und dennoch sind sie wahr. „Ich bin
Jurist", konterte Wolfgang, „ich glaube, was sich belegen
lässt. Was sich nicht belegen lässt, kann ich für möglich
halten, für wahrscheinlich, für unwahrscheinlich. Glauben
kann ich es nicht."

Sie wurden fröhlich, sie sangen –
und wenn sie nicht gestorben sind, dann…

Das unterscheidet uns. Ich kann glauben, was ich für wahr
halte. Und den Wahrheitsgehalt einer Geschichte erkenne
ich an ihrer Wirkung, an dem, was sie mir vermittelt – daran, ob sie mich erreicht. „Da kann dir also jemand das
Blaue vom Himmel runtererzählen und du sagst: schön. Du
fragst nicht nach Beweisen?" Nein, tue ich nicht.

Es haben sich vor Wolfgang und mir schon ganz andere
mit diesen unterschiedlichen Wahrnehmungen herum-
geplagt. Wahr-Nehmungen im wahrsten Sinne des Wortes. Zum Beispiel Immanuel Kant, der den schönen Satz
formulierte, religiöse Wahrheit könne man nicht mit der
rationalen Vernunft erfassen, sondern nur mit der moralischen Vernunft.

Glaube ist eine Sache der Offenbarung. Wenn sich einem Menschen in einem Gedicht, in einer Sinfonie, in einem Bild oder in einer biblischen Geschichte etwas offenbart, was ihn bewegt, beeindruckt, rührt oder ins Zweifeln stürzt, dann wird es nicht dadurch falsch, dass es weder „historisch" noch „wissenschaftlich" beweisbar oder belegbar ist.

Ich habe Menschen im Kino weinen und lachen sehen. Warum? Ist doch alles nur „erfunden"? Ich konnte mich nicht satthören an den selbst erdachten Gutenachtgeschichten meiner Urgroßmutter und schlief meistens getröstet und zufrieden ein. Augenblicke von Wahrheit, von Überschreitung meiner alltäglichen Wirklichkeit, die wahr sind, weil sie in mir lebendig werden. Ich hielt inne und merkte, dass mein Kumpel ins Nachdenken kam. „Du alter Labersack", grinste er und knuffte mich. „Das ist natürlich obertricky! Und was ist wahr an Pfingsten?"

Na ja: Ein paar Wochen nach Kreuzigung und Auferstehung ließ Jesus seine Freunde allein zurück – mitten in einer Umgebung von misstrauischen, kritischen oder gar feindlich gesinnten Menschen. Sie trafen sich. Sie hatten Muffe. Sie sahen einander an, sie bestärkten einander. Und da spürten sie, wie stark das macht: einander zu lieben, miteinander neue Hoffnung zu schöpfen, an ein gutes Ende der Geschichte zu glauben. Sie wurden fröhlich, sie sangen und begannen, die Botschaft von der Liebe allen zu erzählen. Sie waren plötzlich so gut drauf, dass die Passanten meinten, sie seien betrunken. „Das ist wahr", unterbrach mich Wolfgang, „und wenn sie nicht gestorben sind, erzählen das die Christen noch heute." Dem war nichts mehr hinzuzufügen.

Eine
Göttin,
die Borussia und
Martin Luther

D u mit deinem Gott! Wen interessiert das denn noch?"
Es ist gut, wenn man Agnostiker wie Lars zu seinen
Freunden zählt. Man wird herausgefordert, genau zu formulieren, sich selbst und andere zu überraschen. Schön ist zum
Beispiel die Rückfrage: Und dein Gott? Neulich hat Lars darauf mit dem üblichen Konter reagiert: „Ich habe keinen."
Und ich wiederum: Alle Achtung! Er: „Willste mich hoch-
nehmen? Einer wie du achtet doch nicht, dass ich an Gott
nicht glaube." Stimmt. „Also was soll dann ,Alle Achtung'?"

Jetzt wird es schwierig. Aber das ist recht so. Also: Ich
achte, dass er sagt, er habe keinen. Das ist etwas anderes, als
nicht an einen zu glauben. „Haarspalter! Spitzfinder!" Mag
sein. Ich behaupte, er hat keinen, an den er glaubt. Vielleicht hat er aber einen, von dem er gar nicht weiß, dass
er an den glaubt. „Was heißt denn Glauben?" Lars ist Jurist und ein Freund der Genauigkeit. Glauben, antworte ich
nach ein bisschen Nachdenken, ist ein Synonym für Vertrauen. Dass du keinen hast, dem du vertraust, heißt nicht,
dass es keinen gibt.

Wir wechseln zum Fußball, unserem Lieblingsthema. Lars ist ein Schwarz-Gelber. Dass seine Dortmunder in der Champions League marschieren, lässt ihn seit Wochen breit grinsen, wenn wir darauf zu sprechen kommen. „Ja, ich geb's zu: Es geht mir richtig gut, wenn die Borussia erfolgreich ist. An dem Verein hängt nun mal mein Herz seit frühester Jugend." Hängt sein Herz … Weiß Lars, woher dieses schöne Wort kommt, wer in unserer Sprache darauf das Urheberrecht hat? „Ich würde vermuten, das ist Volksmund oder Umgangssprache. Aber, wenn ich dein feistes Lächeln sehe, wird es sicher von irgendeinem Kirchenspezi sein! Sag schon!" Er kennt mich. Klar. Wir reden ja nicht zum ersten Mal miteinander.

Martin Luther, sage ich, Großer Katechismus, erstes Gebot. „Großer Dingsbums? Muss man das kennen?" Muss man nicht. Ist aber ein spannender Text darüber, wie man Gebote verstehen kann und soll. Lars, in einer Mischung aus kleinem Ärger, großer Neugier und einer deftigen Prise Ungeduld: „Also leg' los, sonst gibst du doch keine Ruhe!"

„Ich bin dein Herr und Gott; du sollst keine anderen Götter haben neben mir", das ist das erste Gebot. Ja, hat er schon mal gehört, knurrt Lars. „Und jetzt dein Luther!" Ich steh schon am Regal und ziehe das kleine Buch mit dem Großen Katechismus raus. „Und das willst du jetzt vorlesen? Das ganze Buch? Nee, nicht dein Ernst!" Nein, nicht das ganze Buch, nur einen Absatz. Luther erklärt in ein paar Zeilen, was ein Gott ist: „Ein Gott heißt etwas, von dem man alles Gute erhoffen und zu dem man in allen Nöten Zuflucht nehmen soll. Einen Gott haben heißt also nichts anderes, als ihm von Herzen vertrauen und glauben, wie ich oft gesagt habe, dass allein Vertrauen und Glauben des Herzens etwas sowohl zu einem Gott als zu einem Abgott macht. … Denn die zwei gehören zusammen, Glaube und Gott. Woran du nun, sage ich, dein Herz hängst und worauf du dich verlässt, das ist eigentlich dein Gott!" – „Borussia! Das ist fies! Eins zu null für deinen Luther." Lars ist ein fairer Sportsmann. „Der Fußballgott. Oh Gott!"

Großer Dingsbums?
Muss man das kennen?

Nach dem letzten Tor von Götze – schöner Name – „war die Woche", für Lars, „gerettet". Diese Vorlage muss ich verwerten: „Aber schieß nur ein Tor, so wird meine Seele gesund." Oder wie heißt es in der Borussia-Hymne? „Wir spürten, dass, egal wohin die Fußballwelt sich dreht, Borussia niemals untergeht!" Dein Gott heißt BVB. „Hör jetzt mal uff! Ich gebe es ja zu. Jetzt Schluss mit dieser Missionssitzung!" Recht hat er.

Wir haben noch lange über die Champions League gesprochen. Was machen die Bayern? Dass ich deren Fan bin, hat Lars nie verstanden. Und wie weit kommt Schalke? Ein Thema, bei dem Lars eine ähnlich klare Meinung hat wie bei seinem BVB, nur mit umgekehrten Vorzeichen. Beim Abschied haut mir Lars auf die linke Brust: „Also pass auf, woran du dein Herz hängst. Meines hängt, neben dem BVB, an meiner Frau. Weißt du ja. Darf ich die Göttin von dir grüßen?" Darf er.

Im *Himmel*

sind die Doofen
und die Allerletzten

Himmel! Wie sieht es denn da aus? Wenn meine Mutter diesen Satz rief, fauchte und schnaubte, wusste ich: Es geht nicht um einen Blick ins göttliche Reich der Schönheit, der Anmut, ins Paradies. Himmel! Euer Zimmer! Mein Bruder und ich teilten es uns. Er: ein naturwissenschaftlich und technisch interessierter Kerl, umgeben von Drähten, Röhren, elektrischen und elektronischen Geräten. Und ich: der Papiertiger mit Bergen von alten Zeitschriften, losen Blättern, Büchern, Blocks und Heften. Die Kombination der Unordnungen, die versöhnte Anarchie unseres Materials – das sah aus!

Mein Vater legte, hinter meiner Mutter auftauchend, gerne nach: „Niemand verlangt, dass man in eurem Zimmer vom Boden essen können muss!" Wir wussten, was gefordert wurde. Aufräumen. Ein bisschen aufräumen, dass es nicht mehr „so" aussah. Himmel!

Und wie sieht Ihr Himmel aus? Meiner hat durchaus fröhliche, freundliche, chaotische Züge. Kein hochherrschaftliches Elysium wie das der alten Griechen. Kein paradiesisches Jenseits des ewigen Frühlings, wo die Besten der

Helden ewig unter Weihrauchbäumen und Rosen dem Lautenspiel und der heiteren Selbstbezogenheit huldigen. Kein germanisches Walhall, jene Götter und Heldenkneipe, in der Walküren Wotan, Thor und ihren wackeren, gefallenen Schwertkämpfern Bier und Met kredenzen.

Mein Himmel ist nicht licht und leer, sondern rappelvoll. Und er wird nicht von den irdisch Erfolgreichen bewohnt, sondern von den Leuten, über die Jesus von Nazareth in seiner Bergpredigt redet. Die Schwachen im Geiste, die wenig Erfolgreichen, die man hienieden gern für dumm, töricht oder schlicht blöd erklärt hat, sitzen da und quatschen und hauen einander auf die Schulter und drücken und küssen und lachen. Die Letzten! Die letzten Typen – sie werden die Ersten sein. Die Verfolgten haben es auch hierher geschafft – mit hängender Zunge. Und gefragt, was sie haben, antworten sie: Durst! Die Trostlosen hecheln herein. Ja, seid ihr denn ganz bei Trost? Nöö! Also kriegen sie Trost. Ein stinkendes, ungewaschenes Gewimmel. So sieht es da aus!

Im Himmel! Im Himmel der jesuanischen Bergpredigt ist die Verneinung einer absoluten, menschlich-diesseitigen Logik vollzogen. Also: Schluss mit der Belohnung und Auszeichnung des weltlichen Erfolgs und der Ächtung wie Bestrafung des Gegenteils! So sieht mein Himmel aus.

Mein Bruder fand meine Papierberge so wenig himmlisch wie ich seine Elektro-Müllhalden. Wir haben gestritten, wer was wo lagern darf und wo die Grenzen zwischen den Reichen verlaufen. Die Hölle! Jean Paul Sartre benennt es in seinem Stück „Geschlossene Gesellschaft" klar und deutlich: „L'Enfer c'est les autres" – „Die Hölle, das sind die anderen." Er sperrt drei Menschen in einem Jenseits-Zimmer zusammen, die mit der Zeit erkennen, dass sie füreinander die Folter sind. Es geht nicht um den Ort, um Gerüche und Licht, nicht um Themen und Theorien. Es geht um das Miteinander oder noch genauer: um Gemeinsamkeiten.

Ich träumte von einer Bibliothek, mein Bruder von einer Werkstatt. Was dem jeweils anderen als überflüssiges Zeug galt (und unseren Eltern gemeinsam als das „allerletzte Chaos"), erschien dem Herrn über vergilbte Zeitungsausschnitte beziehungsweise dem Chef der Radioröhren als sinnvolle Ordnung bester, unersetzlicher Dinge.

Das Paradies
ist kein Zustand ...

Mutter ging nicht darauf ein, wenn mein Bruder sie aufforderte: „Sag mir, was ich suchen soll, ich hab es in zehn Sekunden!" Und sie schüttelte ihr Haupt, wenn ich ihr den Wert zweier Papierhügel „auf deinem sogenannten Schreibtisch" (ihr O-Ton) erklären wollte. Himmel! Hört doch damit endlich auf!

Mit der Zeit fanden wir heraus, dass der Himmel – oder die Hölle – keine Frage des Ortes oder des Zustands ist. Und Sartre, der existenzialistische Negativ-Prophet, würde wohl kaum widersprechen, wenn man seine Aussagen um 180 Grad drehen würde: Himmel! Paradies! Auch das sind die anderen. Freut euch in aller Enge und tröstet einander! Und jetzt fahren wir an den Strand und schauen, ob wir noch ein Plätzchen finden.

„Oh Gott!

Ihr kennt ihn wirklich!
Das ist ja unfassbar!"

Es freut mich, wenn meine Bekannten, Freunde und Verwandten sich begeistert über Geschenke auslassen. Wenn Simone beispielsweise beim Auspacken an ihrem Geburtstag jubelt: „Einfach göttlich, dieses Parfüm! Woher wusstet ihr denn, wie sehr ich es liebe? Ich werde euch ewig dankbar sein! Wo habt ihr es denn ausgegraben? Ich dachte, das gibt es nur in den USA."

Simone nennt sich selbst „vollständig areligiös". Das ist die intellektuellere Variante von „atheistisch" oder „gottlos". Es tröstet mich sehr, wenn ich sie so jubeln höre. Ich habe auf die göttlich-ewigliche Danksagung mit einem alten Sprachscherz reagiert: Ein Mensch wird gefragt, ob er am Sonntag mit in die Kirche kommt. Er antwortet: „Nee! Ich bin Atheist! Gott sei Dank!" Simone hat tief und laut eingeatmet. „Typisch Arnd", zischte sie dann mit einem kleinen Grinsen. „Du machst aus jeder Redensart einen theologischen Ernstfall! Aber wir halten das aus – Gott sei Dank!"

Nein, unserer Freundschaft hat der kleine Diskurs einmal mehr nicht geschadet. Simone und Jochen, ihr

Lebensgefährte, sind es gewöhnt, dass die „katholische Paula" und ich beim Abendessen und Weintrinken hin und wieder die „Kirchenkurve" nehmen, wie es Jochen nennt.

Neulich haben wir über den frühen und plötzlichen Tod von Susanne geredet, die zwei Straßen weiter wohnte. Mit nicht einmal 50 Jahren ist sie einem Herzleiden erlegen. „Unbegreiflich", murmelte Simone, „warum Susanne? Warum so früh? Unfassbar!" Auch Susanne wollte nichts mit der „Gott und Sohn GmbH" zu tun haben, wie sie die Kirchen gerne nannte, wobei sie ihre Lesart des Kürzels stets gleich erläuterte: „Gemeinschaft mit beschränktem Horizont." Als Jochen an diesen Standardspruch unserer Bekannten erinnerte, sagte Paula: „Ja, ihr Tod ist unbegreiflich. Das heißt: Auch ihr gehört zu denen mit dem beschränkten Horizont. In alten Zeiten war ‚unbegreiflich' die Chiffre für: Wir verstehen es nicht, es ist Gottes Wille!" Und ich fügte hinzu: „Die ratlose Frage nach dem Warum von schönen wie schrecklichen Dingen ist die Wurzel dessen, was man Religion nennt. Hinter dem Horizont muss es jemanden geben, der mehr weiß, als wir wissen können." Zu viel für Jochen: „Aber das löst unser Problem nicht. Susanne ist tot. Und wir sind fassungslos, ja, und auch zornig." Immerhin haben wir uns über die Differenz hinweg rasch darauf einigen können, dass wir – wem auch immer – dankbar sind, dass wir Susanne, ihre liebe Art und ihren Humor erleben durften. Und: dass wir sie in Erinnerung behalten werden. Ewig? Ewig!

Die Trauerfeier für Susanne endete auf ihren ausdrücklichen Wunsch in einem „fröhlichen und keinem Trauer-Kaffee" mit Musik der Edwin-Hawkins-Singers, allem voran

„Oh Happy Day". Dass dieser Song ein Gospel ist und der Chor, der damit vor 45 Jahren die Hitparaden stürmte, ein Kirchenchor – „danke, lieber Arnd, dass du uns darauf aufmerksam machst! Wir wussten es, aber es war uns nicht so wichtig. Nun gut." Immerhin ließ Jochens Stimmung es zu, mit unseren erhobenen Gläsern auf Susanne anzustoßen.

Jochen hat übrigens im März Geburtstag. Und er hat uns alle eingeladen. Paula und ihren Michael, mich und meine Frau. Was schenken wir ihm? Michael hat ein nettes und witziges Büchlein über Astrologie vorgeschlagen. „Es enthält den schönen Satz: ‚Ich glaub' nicht an das Zeug, wir Fische sind skeptisch.' Und das ist ja sein Sternzeichen." Paula weiß nicht so recht. „Der fühlt sich ja langsam von uns verfolgt mit diesen Anspielungen auf Glauben." Aber vielleicht erwartet er von uns gerade so etwas?

Der fühlt sich ja langsam verfolgt mit diesen Anspielungen...

Dann, schlug ich vor, sollten wir ihm ganz gezielt etwas schenken, das von anderen Dingen handelt, zum Beispiel eine besondere Flasche Wein oder etwas für den nächsten Urlaub. Unglaublich, was uns in der folgenden halben Stunde alles einfiel! Von Konzertkarten bis zu einer elektrischen Spaßdrohne. Weil wir uns nicht sicher waren, rief Paula die areligiöse Simone an und fragte sie um Rat. „Wahnsinn!", rief sie so laut, dass wir alle am Tisch es aus dem Handy dröhnen hörten. „Oh Gott, ihr kennt ihn wirklich! Er wird sich riesig freuen. Unfassbar!"

Über den Wunsch nach Perfektion, *Jesus,* den Säufer, und das menschliche Maß

Warum man jemandem *Zufriedenheit* wünschen sollte, selbst wenn er sie wahrscheinlich nie anstreben wird

Marco bekam zu seinem 30. Geburtstag Response und Feedback in einem Ausmaß, das sogar einen jung-dynamischen Marketingprofi wie ihn überraschte. Selbst wenn man die Mails und Karten strich, die der Memofunktion in den elektronischen Kalendern seiner Geschäftspartner und Dienstleister zu verdanken und deutlich lesbar unpersönlich gehalten waren, blieb eine Menge an beachtenswerten Aufmerksamkeiten aus Marcos Freundeskreis und Familie übrig. Diese Fülle löste bei dem alerten Typen ein Gefühl aus, das in anderen Zeiten als „Rührung" kategorisiert worden wäre. „It knocks me out", nannte es Marco, „das haut mich um!"

In den meisten Wunschadressen war von Gesundheit und Lebensfreude die Rede, in manchen vom Wohlergehen. Auch die übliche Formel: „Wir wünschen dir, dass sich deine eigenen Wünsche erfüllen", hatten einige Gratulanten verwendet. Glück wünschten Marco alle – außer seinem Bruder Winni. Und das fiel dem

Geburtstagskind tatsächlich auf. „Er wünscht mir stattdessen Zufriedenheit. Das ist typisch für ihn." Richtig zu freuen schien es Marco nicht.

Im Zusammenhang mit Marco an Zufriedenheit zu denken, ist tatsächlich ungewöhnlich. Er gehört zu den Leuten, denen man höchst anerkennend nachsagt: „Der ist nie zufrieden. Einfach nur ehrgeizig. Ein Perfektionist." Kurzum: Marco ist anstrengend. Er stresst. Er verdirbt die Preise. Wir kennen diese Spezies: Auch Oliver Kahn mit seiner oft zitierten Maxime „Weiter! Immer weiter!" gehört zu ihr.

Marco war der beste Abiturient seines Jahrgangs, machte einen Topabschluss als Betriebswirt, bekam in jungen Jahren einen Spitzenjob bei einem Pharmaunternehmen und entwickelte innerhalb kürzester Zeit die Megaerfolgsstrategie für ein neues Hustenbonbon. Ein Karrierist?

„Nein, das ist falsch", erklärte mir Winni gestern, als ich ihn auf den Geburtstagswunsch für seinen Bruder ansprach. „Marco misst sich nicht an anderen. Er will nicht besser sein als sie. Er ist kein Ellenbogentyp. Er sucht den Gral." Winni hat Philosophie, Germanistik, Romanistik, Theologie und Geschichte studiert und arbeitet seit zehn Jahren als Nachtschichtler im Taxigewerbe. „Wir hatten nie eine Rivalität. Ich bin ja auch einige Jährchen älter als er."

„Weißt du", lächelte Winni, „ich habe mir das lange überlegt mit dem Wunsch der Zufriedenheit. Es ist, wie wenn man einem Rennfahrer wünscht, die Freuden der Langsamkeit zu genießen." Meint er, dass der Bruder leidet unter der eigenen Rastlosigkeit? „Nein. Definitiv: Er leidet nicht! Marco findet das ganz normal, dieses Streben nach

Vollkommenheit. Und ich bewundere ihn dafür. Ohne Leute wie ihn wäre Fortschritt nicht existent."

Warum dann dieser Wunsch, Winni? „Wie viel Zeit hast du?", fragte er zurück, „drei Stunden?" Er massierte seine Nase und schwieg einen Augenblick. „Er braucht das. Ich verkörpere für ihn das Anderssein. Er kämpft gegen die Sterblichkeit, gegen die Begrenztheit der Zeit. Er sucht das Ewige, das Absolute. Das ist mir wesensfremd und deshalb bin ich es ihm. Verstehst du?" Nicht ganz, musste ich zugeben.

Die Barke nach Avalon liegt am Ufer bereit. Ob er sie tatsächlich braucht?

„Kennst du die Geschichte von König Artus?" Natürlich kenne ich die. „Dann weißt du, wie Artus tödlich verwundet auf die Barke nach Avalon gebracht wird. Das ganze Leben bis dahin war Kampf. Am Ende ist es Mordred, der eigene Sohn, der ihn verwundet und besiegt. Wenn ich Marco Zufriedenheit wünsche, zimmere ich diese Barke für ihn. Vielleicht benutzt er sie nie. Vielleicht liegt sie lange am Ufer, vergessen und halb verrottet. Doch wenn er sie einmal brauchen wird, dann ist sie da. Dann kann er sich an meinen Wunsch erinnern, und er wird verstehen, wie ich ihn gemeint habe. Er kann dankbar sein und ausruhen. Das ist Zufriedenheit. Jemand muss sie ihm wünschen. Dann existiert sie – wie ein Medikament für den Notfall im Apothekerschrank." Typisch Winni, hat Marco gesagt.

Warum die *Gesundheit* der Abglanz der Unsterblichkeit ist

Achtung! Wichtige Information! Lesen Sie diese Zeilen bitte sorgfältig, bevor Sie in den eigentlichen Text dieser Kolumne einsteigen. Wenn Sie überempfindlich gegen Polemik und Ironie sind, wenn Sie unter ungeklärten Meinungsbildstörungen, unter Risikophobie, Sicherheitsmanie oder Freiheitsangst verbunden mit schweren Zornausbrüchen und Ärgeranfällen leiden, sollten Sie diese Seite aus dem Heft trennen und ungelesen Ihrer Altpapiertonne zuführen.

Dann sind wir jetzt also unter uns. Wir sind gar nicht überrascht gewesen, als Gerd Gigerenzer, Direktor des Max-Planck-Institutes für Bildungsforschung, eine Studie für das Harding-Zentrum für Risikokompetenz vorlegte, in der er und seine Kollegen nachwiesen, dass vor allem die Deutschen die segensreiche Wirkung der Krebsfrüherkennung weit überschätzten. Besonders weit daneben lagen die Urteile der durch Ärzte und Medien beratenen und informierten Frauen und Männer.

Von tausend Frauen, die zur Mammografie gehen, sterben innerhalb von zehn Jahren vier an Brustkrebs, von tausend, die sich nicht testen lassen, fünf. 98 Prozent der deutschen Frauen glauben aber, dass die Früherkennung mindestens zehn Krebstote auf tausend Tests verhindere, ein Drittel vermutete gar bis zu zweihundert Todesfälle weniger im Vergleich.

Die Vorsorge propagierende Politik sowie die Gesundheitsbranche werden über die Studie wenig erfreut gewesen sein. Wir hingegen haben uns vor allem über einen Satz des Psychologieprofessors Gigerenzer bei der Präsentation seiner Arbeit gefreut: „Wir sollten beginnen, ein entspannteres Verhältnis im Umgang mit Unsicherheiten zu entwickeln."

Wann die Sorge zur Manie wird, bestimmen wir

„The German Angst" ist in den angelsächsischen Ländern ein geflügeltes Wort. Umgekehrt gilt: Die Deutschen sind offenbar bereit, sehr viel zu investieren, um Risiken aller Art zu minimieren und für ein Mehr an Sicherheit und Gesundheit zu sorgen. Und sie glauben, dass sie dabei erfolgreich sein werden. Der schwäbische Weise Manfred Rommel hat einmal festgestellt, wenn unsere Lebenserwartung in den Jahrzehnten seit Kriegsende so kräftig gestiegen sei, habe dies den großen Vorteil, dass wir länger über Krankheiten jammern könnten.

Angesichts des weltweit riesigen Medienaufruhrs wegen eines alles in allem mäßig bedeutsamen Schweinegrippeerregers und der damit verbundenen gigantischen Umsatzvisionen der Impfstoffproduzenten kann man sich allerdings fragen, ob es sich beim Fetisch Gesundheit um ein deutsches oder nicht doch um ein urmenschliches Phänomen handelt. Fremde Erreger, eine Seuche von Übersee greifen das für viele Menschen Heiligste an: ihre Gesundheit. Weil es sich um eine bisher unbekannte Gefahrenquelle handelt, fühlen sich viele Leute wehr- und machtlos. Bis die Regenmacher aus der Pharmabranche das Wundermittel, den neuen Impfstoff, präsentieren.

Pandemien, Epidemien, Seuchen, unheilbare Krankheiten sind schon deshalb für unser kollektives Bewusstsein erschütternd, weil sie uns mit der unabänderlichen Tatsache unserer Sterblichkeit konfrontieren. Mitten im Leben sind wir vom Tod umfangen. Die Überwindung der Sterblichkeit, sagen kluge Theologen und Philosophen, sei überhaupt der zentrale Antrieb für den menschlichen Erfinder- und Forschergeist. Für den irdischen Abglanz der Unsterblichkeit, ihre Gesundheit, sind die Menschen seit Urzeiten bereit, unglaublichen Aufwand zu betreiben: Zaubermittel, Zaubersprüche, Wallfahrten, Investitionen in Wissenschaft und Forschung, Vorsorge, Früherkennung. Das ist – auch unter uns – alles in Ordnung. Nur: Wann der Aufwand zum Wahn, wann die Sorge zur Manie, wann die Angst vor der Unsicherheit zur Freiheitsberaubung entartet, das bestimmen wir auch. Falls Sie diesen Text trotz Zugehörigkeit zu einer der anfangs genannten Risikogruppen mit wachsendem Ärger gelesen haben, entspannen Sie sich. Auch der Autor hat treuen Glaubens zahlreiche Vorsorgeuntersuchungen absolviert.

Zwischen Stepper und Saunagang – der

Ablasshandel

im Wellnesstempel

Neulich saß ich mal wieder im Wartezimmer einer Arztpraxis. Wie fast immer war ich auch dieses Mal nicht darauf vorbereitet, dort längere Zeit zuzubringen. Ich hatte weder ein Buch bei mir noch ein Sudokuheft. Und die Tageszeitung hatte ich bereits durch. Lustlos wühlte ich in der Lektüre, die auf dem kleinen Tischchen in der Mitte des Raumes aufgehäuft lag. Die Ausgaben der politischen Montagsmedien stammten aus vergangenen Zeiten. Das erkannte ich an den Titelbildern und am abgegriffenen Zustand der Hefte. Nichts für mich dabei.

Die Modewelt ist nicht meine. Wenn sich Menschen über Stunden oder viele Hochglanzseiten darüber ereifern, was man im nächsten Frühjahr tragen sollte, bleibe ich staunend außen vor. Auch die Modemagazine ließ ich liegen. Sport- und Kulturzeitschriften waren im Sinne des Wortes bereits vergriffen. In der Not nahm ich mir eine Lifestyle-illustrierte.

Schon das sogenannte Editorial hatte es in sich. Die Chef-redakteurin erklärte mir mit religiösem Ernst, wie sie zur Fitness- und Wellnessbewegung gefunden hatte: „Früher verbrachte ich die Winterabende am liebsten mit einem guten Buch und einem Glas Wein auf der Couch oder sah mir einen Film im Fernsehen an. Hätte mir jemand vorgeschlagen, ein Fitnessstudio aufzusuchen, hätte ich nur abgewunken: Bedaure, das ist mir viel zu anstrengend." Durch einen puren Zufall verschlug es sie schließlich doch in eine Muckibude. „Die Vielfalt der Geräte begeisterte mich. Und meine Angst vor körperlicher Anstrengung verschwand in kürzester Zeit." Nun geht die gute Frau fünfmal in der Woche zum Steppen, Radeln, Rudern und an den „Butterfly".

Drei Seiten weiter wurde mir der typische Sonntag einer „fitten Familie" präsentiert. Um 8.30 Uhr, noch vor dem Frühstück, wird fröhlich gejoggt. Nach Fruchtsäften und mageren Geflügelhäppchen wird ein wenig Gymnastik getrieben. Um die Mittagszeit spielt man gemeinsam Ball. Um 17 Uhr steht Krafttraining auf dem Programm, es folgt der Saunagang. „Nach einem solch intensiven Sonntag kann die Woche nur schön werden. Wenn wir fit sind, kann uns kein Problem wirklich etwas anhaben. Wir sind elastisch, ausdauernd und belastbar."

Was war ich froh, dass ich nichts zu lesen mitgebracht hatte. Mir wäre diese Offenbarung glatt entgangen. Dankbar begann ich, über das Gelesene nachzudenken. Und sehr schnell ergriff mich ein tiefes Gefühl der Scham. Traurig, traurig. Aber ich mag es nicht länger verschweigen.

Ich bekenne: Ich bin eines jener verkommenen Subjekte, die gegen alle Vernunft am Lesen von Büchern festhalten. Und zwar nicht nur an langen Winterabenden, nein, noch schlimmer: auch im Sommer, im Herbst und sogar im Frühling. Ich gebe zu, dass es mir Freude macht, einen spannenden Film zu sehen und dabei ein Gläschen Rotwein zu trinken. Ich räume zerknirscht ein, dass ich Fitnesstempel meide. Zwar bewege ich mich gerne sportlich, am liebsten aber unter freiem Himmel.

Am meisten beelendet mich aber, wie meine Sonntage aussehen, wenn ich sie mit dem typischen Ablauf dieses Tages in der fitten Familie vergleiche. Ich vergeude diesen Tag damit, auszuschlafen, einen Gottesdienst zu besuchen, Ausflüge mit meiner Frau zu unternehmen, ins Theater oder ins Kino zu gehen, zu relaxen oder am PC zu daddeln. Ein, zwei Stündchen Sport können auch dabei sein – müssen aber nicht.

Mein Problem: Ich glaube nicht an Zaubertränke und Fitnessrituale

Nun muss ich allerdings einräumen, dass mir nach einem solchen als schön empfundenen Sonntag Probleme leider immer noch etwas anhaben können, obwohl ich mich elastisch und entspannt fühle. Ich ahne, warum: Ich glaube nicht an Zaubertränke, an Zaubersprüche und auch nicht an die religiöse Wirkung von Fitnessritualen und anderen Bußübungen. Und ich bin leider auch davon überzeugt, dass weder die „fitte Familie" noch die Kollegin Chefredakteurin selbst daran glauben. Sie wollen, wie alle Ablassprediger, einfach etwas verkaufen. Wenn der Taler im Kasten klingt, die Seele in den Himmel springt…

Man kann alles

optimieren.

Ob es dabei auch besser wird, ist eine ganz andere Frage

In unserem Sportverein regiert seit Jahren dieselbe Handvoll emsiger Leute. Der Fritz, die Kathrin, die Mary, der Schorsch und der Benni. Als es jüngst darum ging, den Kunstrasen für den Fußballplatz zu finanzieren, hat Fritz seine Beziehungen spielen lassen. Kathrin hat mit dem Sportamt der Stadt so lange geredet, bis man dort bereit war, uns mit Fördermitteln so großzügig wie nur möglich zu unterstützen. Die Mary hat Kleinspenden zusammengetrommelt, und der Schorsch und der Benni haben eine Tombola organisiert. Jeder wusste, was er tun konnte, wollte und sollte. Alles lief wie immer. Alles war gut. Und natürlich rechneten alle damit, dass die Jahreshauptversammlung mit Neuwahlen im Frühjahr reine Formsache bleiben würde.

Leider ist der Benni krank geworden und hat drei Tage vor der Versammlung seine Kandidatur zurückgezogen. Wir hatten ein Problem. Der Fritz hat sich die „Finger wund telefoniert". Allein der Ausdruck aus der Zeit der

Wählscheibe zeigt, dass Fritz nicht der E-Mail- und SMS-Generation angehört. Heute wählt man sich nicht mehr wund. Man tippt sich höchstens Blasen auf Zeigefinger und Daumen. Es hagelte Absagen, wenn auch freundliche.

Der Klaus hat gerade eine neue Aufgabe im Betrieb übernommen – „tut mir leid". Die Susi ist gerade bei den Freien Wählern in den Ortschaftsrat nachgerückt – „beides geht nicht". Der Maik hilft gerne, die Silke auch – „aber kein Amt, bitte". Nur Lars hat positiv reagiert: „Klar. Ich mache mit." Die Wahlen waren reine Formsache. Das alte Team und Lars lächelten in die Kamera vom Lokalblatt. Das war vor drei Monaten.

Als Lars wenige Tage später einen neuen E-Mail-Verteiler anlegte und eine Internetideenbörse eröffnete, fanden seine Vorstandskollegen das „wirklich gut". Dann teilte er mit, er habe die Vorstandsarbeit der vergangenen Jahre einer kritischen Analyse unterzogen. Dabei habe er festgestellt, dass es keine Tätigkeitsprofile und keine verabschiedete Arbeitsverteilung zwischen den Vorstandsmitgliedern gebe. Man müsse zum Beispiel hinterfragen, warum Schorsch, gewählt als Schriftführer, nicht die Sitzungsprotokolle schreibe, sondern Kathrin, die Vizevorsitzende, Schorsch aber andererseits die Kassenführung miterledige, obwohl Mary die Schatzmeisterin des Vereins sei.

„Fritz", sagten alle, „du musst mit ihm reden. Der bringt hier alles durcheinander." Fritz hat sich ein paar Wochen Zeit gelassen. Das kennen wir bei ihm und ärgert uns gelegentlich. Meistens aber erweist sich Fritzens Gefühl für den geeigneten Zeitpunkt als richtig. Letzte Woche traf er Lars auf ein Bier. Lars hatte ein ganzes Paket von

Optimierungsvorschlägen dabei. Fritz sagte nur: „Sehr schön." Dann erklärte er Lars, in einem Vorstand, zumindest bei dem in unserem SV, gehe es zu wie in einer Fußballmannschaft. So wie ein Stürmer notfalls auch verteidigen müsse und ein Verteidiger sich auch in den Angriff einschalte, so schreibe eben Kathrin zurzeit die Protokolle, weil Schorsch Mary beim Onlinebanking helfe.

Jetzt wird die Abteilung nach der Fritz-Methode umstrukturiert

Lars hörte es und hörte es doch nicht. Denn er begann davon zu schwärmen, wie viel Potenzial in diesem Verein stecke, das mit ein wenig Professionalisierung der Vorstandsarbeit, mit mehr Stringenz und Synergie zu heben sei.

Fritz legte ihm die Hand auf den Arm: „Lass gut sein. Du bist, um es fußballerisch zu sagen, Bundesliga oder erste Liga. Wir sind Kreisklasse. Ich sehe dich in ein, zwei Jahren im Vorstand des Landessportverbandes. Unser Niveau ist nichts für dich. Wenn du uns helfen willst, darfst du uns nicht überfordern." Nichts anderes wolle er, antwortete Lars. Und dann wurde es ein Abend mit vielen launigen Geschichten, aber ohne Reformpapiere.

Als ich Lars neulich beim Bäcker traf, fragte ich ihn, wie es beim SV so gehe. Er sah mich lange an. Dann sagte er: „Sensationell! Dieser Fritz und sein Führungskonzept. Bin gerade dabei, daraus ein neues Strukturpapier für meine Abteilung in der Firma zu stricken. Soll ich es dir mal mailen?" – „Gerne", sagte ich und ärgerte mich darüber. Ich hätte ehrlich sein sollen.

Wie geht es uns denn?

Von

Vereinnahmung

und Allerweltsweisheiten

Ich mag die Morgenandachten im Radio. Mein bevorzugtes Programm sendet sie täglich kurz nach halb sieben. Fünf Minuten zum Nachdenken, Anregungen für den Tag, die nicht einem Zweck genügen, die Bezug nehmen auf einen biblischen Text, auf eine Alltagsbeobachtung, auf einen Gedenk- oder Feiertag. Nicht immer erreichen mich die Autorinnen und Autoren mit ihren Beiträgen. Da geht es ihnen nicht anders als mir und Ihnen, geneigtes Publikum, mit diesen Kolumnen. Genau besehen passiert es aber überdurchschnittlich häufig, dass mich die Anstöße doch wenigstens ein Stück in den Tag begleiten.

Neulich, im schönen Monat November, schaffte es ein Pfarrer mit seinen Worten, meinen Adrenalinhaushalt in einem Maße zu beleben, wie ich es um diese Uhrzeit nicht für möglich gehalten hätte. Und dabei formulierte er inhaltlich gar nichts besonders Anstößiges. Was mich auf die Palme brachte, war der Stil oder besser die Grundhaltung, in der er seine Einsichten vermittelte. Die verabscheue ich, seit ich denken kann.

Er redete über das Grau und die Stille dieses Monats, sprach über abgeerntete Felder, Dunkelheit und Totengedenken. Und dann sagte er: „Wir brauchen diese Stille wie die Blütenpracht im Frühling. Wir brauchen diesen Rhythmus von Werden und Vergehen. Auch jene von uns, die versuchen, dieser Stimmung zu entkommen, indem sie in die Sonne fliegen, können ihr nicht entgehen. Und genau genommen wäre das auch nicht gut für sie. Wenn wir die Tiefen, Trauer und Niedergeschlagenheit nicht kennen, können wir uns auch an Festen wie Weihnachten nicht freuen."

Was mich stört, ist dieses „Wir", diese fürsorgliche Vereinnahmung. Als mein Schulfreund Siggi versehentlich mit einem Apfel eine Scheibe unseres Klassenzimmers eingeworfen hatte, knöpfte ihn sich unser Klassenlehrer Fritz mit dem Satz vor: „Wir alle meinen, dass du mit diesem Wurf eine Grenze überschritten hast. Wir bestehen darauf, dass du dich vor der Klasse dafür entschuldigst." – „Ich bin nicht dieser Meinung", rief ich dazwischen, „er hat das nicht absichtlich gemacht, sondern aus Versehen." Doktor Fritz lächelte dünn: „Ich verbessere mich: Alle anständigen Mitschüler und dein Lehrer sind dieser Meinung, Brummer nicht." Das hat mich nicht gestört. Ich lasse mich lieber ausgrenzen als vereinnahmen. Bis heute.

Wenn jemand „wir" und „uns" in öffentlichen Reden verwendet, muss er wissen, für wen er redet. Die Vorsitzende einer Gewerkschaft oder der Chef einer Partei mögen das in Appellen und Grundsatzdebatten meinetwegen tun. Wer dort Mitglied ist, unterstützt ein Programm, das er kennt und zu dem er sich wahrscheinlich bekennt.

Wer über Gefühle, Wahrnehmungen und persönliche Einschätzungen redet, sollte bescheiden mit „ich" beginnen und dann die Frage nachschieben: „Vielleicht geht es Ihnen ähnlich?" Wenn ich weiter über diese Andacht nachdenke, stelle ich fest, dass mich doch mehr gestört hat als die Vereinnahmung im „Wir" und „Uns".

Ich habe Sehnsucht nach dem Paradies und brauche keine Kälte

Ich mag diese geheuchelte Welterfahrung nicht mehr hören, diese scheindialektische Pseudoweisheit: Wer Höhen erleben will, muss Tiefen kennen; nur wer Trauer kennt, kann lustig sein. Muss wirklich vor Kälte geschlottert haben, wer sich an Wärme freuen will? Müssen wir ab und zu mal garstig miteinander umgehen, um Freundlichkeit schätzen zu können? Das ist von der billigen Sorte wie: „Schön, wenn der Schmerz nachlässt."

Ich habe eine Sehnsucht nach dem Paradies. Ich möchte, dass es immer heiter zugeht, auch im November. Ich möchte nicht säen und ernten und doch satt sein. Ich möchte lieben und geliebt werden, ohne die Lieblosigkeit zu kennen. Ich weiß, dass es bei der Sehnsucht bleiben wird. Geht es Ihnen anders?

Ich freue mich auf den Advent und auf Weihnachten. Und ich hoffe, Ihnen geht es ähnlich. Wünschen wir es einander. Ich mindestens wünsche es Ihnen.

Wenn Iris ihre Nachbarn bekocht, kommt das meiner Vorstellung vom *Abendmahl* Jesu ziemlich nahe

Wir sind in der Fastenzeit. Reichlich spät in diesem Jahr. Der Zyklus des Mondes will es so. „Langsam freue ich mich auf Ostern", erzählte mir meine alte Freundin Iris, „vor allem auf das Fastenbrechen. Ich verzichte seit Aschermittwoch auf Fleisch und Eier." Ich frage sie, warum sie das macht. „Na, entschuldige, es ist Fastenzeit und ich bin evangelisch." Verstehe. Aber warum verzichtet sie auf Fleisch und Eier? „Das macht man in der Fastenzeit."

Ich kenne Iris lange. Sie verträgt ein offenes Wort. Soll ich ihr jetzt erzählen, dass der Reformator Zwingli in der Fastenzeit regelrechte Bratwurstorgien veranstaltet hat, um seine Mitbürger darauf hinzuweisen, dass Entsagung um ihrer selbst willen die Fastenden keinen Millimeter näher zum Himmelreich bringt? Ich lasse es. Iris ist ein so lieber Mensch, die braucht meine lichtvollen Erklärungen nicht.

Was Zwingli am Fasten klarmachen wollte, hat Martin Luther an einem anderen Beispiel demonstriert. Der

Gottesdienst des Schusters, schreibt Luther, finde in der Welt statt. Er bestehe darin, dass der Schuster ordentliche Schuhe mache, seine Kunden fair behandle, sich liebevoll um seine Freunde und seine Familie kümmere. Wenn er all dies tue, müsse er nicht „nach Sankt Jakob in Spanien rennen". Christentum erfüllt sich nicht in spirituellen Kunststücken, in ekstatischer Verzückung und weihrauchumwaberten Ritualen oder wallfahrerischen Rekordanstrengungen.

Um nicht missverstanden zu werden: Pilgern und psalmodieren, Kerzenschein und Musik – das kann alles guttun, kann in Gemeinschaft erlebt anregend wirken, kann helfen, den Blick auf das Wesentliche zu wenden. Im Kern bleibt Christentum jedoch Beziehungsarbeit, so wie es Luther im Gottesdienst des Schusters beschrieben hat. Wer seine Nächsten liebt und entsprechend handelt, macht Gottesdienst. Wer sonntags psalmodiert und im Alltagsleben seine Nächsten plagt, handelt nicht im Sinne des Erfinders der Idee von der Nächstenliebe. Das gilt auch für das Fasten.

Den Zeigefinger unten zu lassen, ist Christenpflicht

Iris muss ich davon nicht überzeugen. Ich kenne wenige Menschen, die so viel Wert auf zwischenmenschliche Aufmerksamkeit legen wie gerade sie. Die Nachbarn, die während ihres Urlaubes die Katze füttern, lädt sie natürlich zum Abendessen ein und bekocht sie mit ihren Leibspeisen. Auch in der Fastenzeit. Und wenn sie dann mit ihren Gästen das Glas hebt, ist derselbe Wein drin wie in den Gläsern ihrer Gäste. Ein Essen bei Iris kommt ziemlich nahe an meine Vorstellung vom Abendmahl Jesu mit seinen Jüngern heran: So oft ihr zusammensitzt und euch als Schwestern und Brüder erlebt, hebt euer Glas und erinnert euch an mich und meine Botschaft von der Liebe Gottes.

Wobei Iris ganz sicher ein Glas Saft oder Wasser in der Hand hätte, wenn sie wüsste, dass ihre Tischgenossen strenge Muslime oder aus anderen Gründen antialkoholisch orientiert wären. Darüber hätte sie sich vorher informiert. Sie würde niemals die Überlegenheit der eigenen Lebensweise propagieren oder einfach durchsetzen wollen. Jemanden bloßzustellen oder in die Bredouille zu bringen, liegt ihr ferner als alles andere.

Und Iris würde auf keinen Fall mit ihrer Frömmigkeit prahlen und um sich die Aura moralischer und religiöser Überlegenheit aufbauen wollen. Das ist ihr zuwider. Deshalb mag sie, wie ich weiß, ganz besonders das Gleichnis im Lukasevangelium: Der Fromme im Tempel dankt Gott dafür, dass er ein so anständiger, tugendhafter und fastender Mensch ist, viel besser als der sündige Zöllner, der neben ihm betet. Der Zöllner wiederum betet nur: Herr, sei mir armem Sünder gnädig. Und Jesus kommentiert knapp: Wer sich selbst erhöht, der wird erniedrigt werden. Und wer sich selbst erniedrigt, der wird erhöht werden.

Jemandem wie Iris mit aufgestelltem Zeigefinger zu erklären, wie wertlos ihr Fasten, was aber wahres und entschiedenes Christentum sei, wäre Sünde pur. Es würde vom gleichen Hochmut zeugen wie das Gebet des Schriftgelehrten. Ist mir, zugegeben, gerade noch rechtzeitig eingefallen. Frohe Ostern!

Ein Prosit auf

Jesus,

den Fresser, Weinsäufer und
Freund der Sünder!

Eine meiner Lieblingsstellen in der Bibel steht im Evangelium des Matthäus: „Johannes ist gekommen, aß nicht und trank nicht; so sagen sie: Er ist besessen. Der Menschensohn ist gekommen, isst und trinkt; so sagen sie: Siehe, was ist dieser Mensch für ein Fresser und Weinsäufer, ein Freund der Zöllner und Sünder! Und doch ist die Weisheit gerechtfertigt worden aus ihren Werken." Jesus, nicht weltabgewandt, ist den Frommen ein Gräuel, weil er mit den Sündern speist und Wein trinkt. Ich diskutiere darüber besonders gern mit jenen Menschen, die das heiligmäßige Leben in der „Entweltlichung" finden, in Enthaltsamkeit, Schweigen und Verinnerlichung.

Wenn man die Sätze aus dem Matthäusevangelium (Mt 11,18 f.) liest, könnte man formulieren: Askese, wie sie Jesu Freund Johannes, der Täufer, praktiziert, ist nicht falsch, aber der Weg des Mannes aus Galiläa ist sie nicht. Er geht dorthin, wo die Leut' sind. Er sitzt mit ihnen zusammen und redet mit ihnen. Nicht von oben, belehrend, mit ausgefahrenem Zeigefinger – auf Augenhöhe, als Freund spricht er mit den Zöllnern und Sündern.

Tröstlich. Und es ist zugleich die größte Herausforderung. Sich einlassen und dabei maßvoll bleiben ist schwerer als radikale Entsagung, totaler Verzicht oder völlige Hingabe, euphorische Schwelgerei. Totale Stille oder ohrenbetäubender Lärm, Nichtstun oder Stress – die beiden Seiten derselben Medaille.

Wenn wir darüber reden, gerne bei einem Gläschen Wein, einem duftenden Espresso oder frisch gepresstem Apfelsaft, sind wir uns schnell einig, dass die Balance unsere unstillbare Sehnsucht ist. Eigentlich gibt es nach unserer Erfahrung nur zwei Zustände aller Dinge: zu wenig oder zu viel davon. Deswegen mauern wir uns ein hinter Regeln und Plänen, zwischen Verträgen und Tabellen, weil wir nach der Gerechtigkeit suchen, was nichts anderes heißt als: das gerechte, das uns zustehende, das richtige Maß.

Ich habe jüngst einen Beitrag über Clemens von Alexandria gelesen, der zu Beginn des dritten Jahrhunderts den „Paidagogos" geschrieben hat, den ersten christlichen Lebensratgeber. Er richtete sich damit an die christliche Oberschicht in Alexandria. Clemens fordert sein Publikum nicht zum Verzicht auf, sondern zum maßvollen Genuss von Wein, Essen und Schlaf: „Denn überhaupt darf man den Menschen von allem, was ihnen von der Natur gegeben ist, nichts mit Gewalt nehmen, vielmehr muss man für alles nur das richtige Maß und die richtige Zeit bestimmen."

Das Spannendste, was ich diesem Text der Kirchenhistorikerin Katharina Greschat entnahm, war die Information, von welcher Gruppierung sich Clemens mit seinem

Buch abgrenzen wollte: keineswegs von den Verfechtern maßlosen Genusses, sondern von den sogenannten „Enkratiten", einer Spezies besonders frommer, leib- und weltfeindlicher Christen, die in der Oberschicht der Metropole die Verachtung aller schönen Dinge propagierten. Denen hielt der weise Clemens entgegen, dass die Freude am Wein den Christen schon deshalb nicht verboten sein könne, weil Jesus selbst Wein getrunken habe, und zwar nicht nur bei der Hochzeit von Kanaa.

Keine Nulldiät, kein Haarefärben – sich lieber auf Genüsse freuen

Radikales Christsein nach Clemens ist befreites Leben. Die Menschwerdung Jesu, so führt er aus, heiße: Er habe nicht nur unser Leiden auf sich genommen, sondern auch das Fleisch befreit. Wir dürften also in Ruhe altern, Falten und graue Haare kriegen – und eben auch mal einen Happen zu viel essen oder ein Gläschen über den Durst trinken –, da wir ja unsere endgültige Erfüllung nicht im Diesseits suchen müssten; die würde uns in der Ewigkeit zuteil.

Also: Auch nach den Feiertagen nicht übertreiben, keine Nulldiäten. Und Schluss mit dem Haarefärben, mit Enthaarungscreme und Toupets. Überlassen wir den sinnlosen Kampf um die ewige Jugend lieber gewesenen italienischen Regierungschefs. Setzen wir uns lieber mit den anderen Sündern zu Tisch und plaudern darüber, was das kommende Jahr so alles an schönen, neuen Genüssen bringen könnte.

Zwischen Matterhorn
und
Kontemplation.
Wie man sich am besten
spüren kann

Der Weg ist das Ziel. Die Heimat des Heimatlosen ist der Weg. Seltsam. Je mehr mir weltweit virtuelle Freundschaften angeboten werden, desto mehr sitze ich zu Hause. Die Wanderschaft reduziert sich auf ein paar Klicks, der Weg auf einige Sekunden Warten, bis sich eine neue Seite auf meinem Bildschirm öffnet.

Und dann begegnen mir an einem höchst gesellligen Abend Leute, die geradezu euphorisch beschreiben, wie sie sich gefühlt haben nach einer mehrtägigen Fernwanderung. Sie reden davon, „sich mal wieder erlebt, gefühlt, gespürt, erfahren zu haben". Über die Alpen ist einer von ihnen gewandert, von Oberstdorf bis Meran. Sein Gegenüber, eine sehr erfolgreiche Anwältin, schwärmt vom Camino de Santiago, dem uralten Wallfahrtsweg in den Nordwesten Spaniens.

„Und du?", fragen sie mich, „was machst du im Urlaub?" Wir sind dereinst auch lange Strecken gewandert. Von Pforzheim nach Basel über den Schwarzwald, auf dem sogenannten Westweg. Wir fuhren mit dem Fahrrad von Passau nach Wien. Schön war's. Aus gesundheitlichen Gründen geht das nicht mehr. „Du Armer", werde ich großzügig bemitleidet. Finde ich nett, aber überflüssig.

„Ja fehlt dir denn nichts?", fragt die Wallfahrerin. Und der Alpenüberquerer erzählt von „Körperlichkeit". Und ich denke an meine Vorfahren, die Jäger und Sammler. Die wanderten durch die Welt oder rannten oder schleppten sich, um zu leben. Kein Gepäcktransport, keine Anreise zu einem spektakulären Startpunkt mit Unterbringung im Viersternehotel, keine Bankkarten und -automaten.

Die Alten hätten es als Ankunft im Gelobten Land empfunden, von aller körperlichen Mühe befreit zu sein. Ankommen, hinsetzen, bestellen: Das Essen kommt. Aufstehen, einchecken, duschen, schlafen. Sich spüren! Wenn ich das schon höre! Ich spüre mich auch, wenn ich meinen Keller aufräume, wenn ich diesen Text in die Tastatur hacke, wenn ich mich vor dem Fernseher fläze. Es geht nicht um das Sein, hat ein kluger Mensch namens Friedrich Hegel mal erklärt, es geht um das Bewusstsein.

Offenbar brauchen wir aber hin und wieder den Wechsel in eine andere Wirklichkeit, einen Ausstieg aus dem Alltäglichen, um uns unserer Existenz aufs Neue bewusst zu werden. Oder ist das jetzt schon zu viel gesagt? Was ist, wenn der Wechsel das Alltägliche ist? Muss man sich dann einsperren, an einem bestimmten Ort, um sich selbst wahrzunehmen?

Ja, in der Tat. Und auch dafür gibt es Anbieter. Kontemplation und mystische Erfahrung auf Bestellung, Kloster auf Zeit, „mich spüren", wenn ich aufhöre, mit allerlei

Geräten wie Phones und Pads auf Sendung und Dauer-
empfang zu sein. Und selbstverständlich ist das ein ernstes
Thema für Massenmedien, die rechtzeitig zum Sommer
für eine „digitale Diät" werben. Ohne kommerzielle Interessen? Mag sein.

Gerne wird in diesem Zusammenhang dann von Gott
oder wenigstens vom Göttlichen geraunt, das in der Stille
hörbar werde oder auf der Wanderung greifbar. Man kann
übrigens bei den Internet-Reiseanbietern auch beides in
Kombination haben: Matterhorn am Morgen, spirituelles
Ermatten ohne Horn am Abend.

Gott in den Augen meines Kumpels begegnen – das ginge doch auch

Ja, kann sein, dass sich bei manchen der Offenbarungs-
kanal am leichtesten unter derartigen Anreizen öffnet. Ich
höre aber mindestens genauso gerne jenen zu, die begeistert von einem schönen Abend mit ihren Nachbarn, zu fet-
tem Essen und köstlichen Getränken erzählen. Oder jenen,
die „am liebsten einfach gar nix machen". Wie ist es, wenn
einem in den Augen der Nachbarin oder des Sportkum-
pels, beim Witze-Erzählen oder Rasenmähen Gott begegnet? „Ein Gott – Milliarden Offenbarungen", hat der große
Theologe Heinz Zahrnt mal gesagt.

So. Und was machen wir jetzt? Den Weg suchen, wie
wir über uns selbst hinausfühlen, -sehen, -hören können?
Hegel reicht nicht, jetzt kommt auch noch Picasso zu Wort:
„Ich suche nicht. Ich finde." Na also. Einen entdeckungs-
reichen Rest des Sommers!

Darf man denn nicht
ein bisschen
übertreiben?
Man darf nicht, man muss!

Einmal genug haben, aber nicht zu viel! Zu wenig schon gar nicht! Das ist die Vision vom Paradies, wie sie die Menschen von Anbeginn begleitet. Die unstillbare Sehnsucht nach der Balance. Mein schwäbischer Nachbar hat dies hervorragend beim Thema Sperrmüll zum Ausdruck gebracht: „Stellst du zu gut erhaltenes Zeug raus, sagen die Nachbarn: Dem Kerl geht's zu gut. Und wenn du zu altes Gelumpe an die Straße legst, heißt es: In diesem Zeug hat der bis heute gewohnt." Was sollen nur die Nachbarn denken! Unauffällig bleiben ist Bürgerpflicht. Wir wollen doch nicht, dass sich die anderen das Maul über uns zerreißen.

Aber Mangel und Überfluss braucht es schon, um eine gute Unterhaltung zwischen Menschen möglich zu machen. Zu viel zu tun für zu wenig Geld ist doch ein gutes Thema. Oder: Drei Nächte durchgefeiert und zu wenig geschlafen! In unserem Alter, Augenzwinkern, in unserem Alter, stööööhn, schafft man das nicht mehr. Zu viel ist zu viel! Leise: Aber schön war es trotzdem.

Zu viel Regen! Die Himbeeren werden gar nicht reif. Zu viel Sonne, der Rasen wächst wie blöd. Der Kaffee zu stark – kann nicht schlafen. Entkoffeiniert? Deshalb komme ich nicht auf Touren!

Der Chef labert mich zu. Jeden zweiten Tag höre ich: „Das haben Sie wieder großartig gemacht!" Super! Dafür kann ich mir nix kaufen. Soll mal mehr Geld rüberwachsen lassen! Oder: Ich verdiene zwar ganz gut, aber mein Boss kriegt die Kiemen nicht auseinander. Würde mich schon mal freuen, so ein Wort der Anerkennung, wenigstens ein klitzekleines. Aber der Kerl ist evangelisch. Da gilt die Formel: Nicht geschimpft ist genug gelobt.

Dafür hatten wir aber einen schönen Urlaub. Nur: viel zu kurz. Die Leute in Oberitalien sind ja wirklich nett, aber die Preise! Hotel, Essen – alles viel zu teuer.

Nichts ist langweiliger als: Alles okay, genau richtig!

Wie langweilig wäre es, wenn man immerzu sagen müsste, alles sei genau so gewesen wie erwartet, genau richtig. Alles in Ordnung, alles gut. Kann gar nicht sein, würde in der Denkblase über dem Kopf der Gesprächspartnerin erscheinen. Da stimmt doch was nicht! Immer alles genau richtig? Entweder spinnt der, oder er ist ein ganz seltsamer Kerl, oder er will mir irgendetwas verschweigen. Da ist wohl alles vollständig schiefgegangen! Kennen wir doch. Ist doch meistens so, wenn jemand auf Nachfrage erklärt: „Danke. Nee. Alles super, alles okay."

Das Erzählenswerte ist die Abweichung. Nur das Auffällige lohnt das Schreiben von Geschichten, gebiert Mythen und Sagen. Wobei es die Angewohnheit guter Erzähler ist, den Kern ihrer Geschichte immer noch größer und toller zu verpacken, immer dicker einzuhüllen in atemberaubende Übertreibungen.

Stellen Sie sich vor, wer Jung-Siegfried wirklich war. Ein netter Nachbarsjunge, der mal einen etwas größeren und stärkeren Burschen im Ringkampf besiegt hat. Mit jeder Neuerzählung wuchs der Bursche, bis er schließlich Drachengröße erreicht hatte. In der „Odyssee" brachte er es gar zum Zyklopen.

Na gut. Ich habe viel zu wenig Zeit, mich mit solchem Quatsch zu beschäftigen, denken Sie, verehrte Leserin, lieber Leser. Wann kommt er denn endlich zum Punkt? Irgendetwas will er doch, der Typ, mit dieser ellenlangen, blöden Geschichte vom maßlosen Glück oder Elend? Wann kommt er denn endlich zur Sache? Dafür kriegt er sein Geld, dass er diesen Quatsch hier präsentiert? Unglaublich! Unsereins arbeitet Tag und Nacht. Und keiner schaut hin. Genau. Keiner! Niemand!

Liebe Leserin, verehrter Leser. Ich will Ihnen keine Weisheit vorspiegeln, über die ich nicht verfüge. Ich habe nur gerade mit ein paar Kindern darüber diskutiert, warum sie Omas Geschichten lieber hören als die von Tante Gerti. Und eines der Kinder, der Maxi, hat es auf geniale Weise erklärt: „Bei Oma spürst du, wie die Drachen Feuer speien, und sie kann ganz schrecklich laut Kikeriki machen, miauen, bellen und wiehern, wenn sie die Geschichte von den Bremer Stadtmusikanten erzählt." Die zwei Jahre ältere Schwester Mary ergänzt ebenso genau: „Das ist zwar total übertrieben, viel zu viel, aber deshalb ist es auch so toll." Danke!

Maßlos
gesund leben
ist
ungesund

Sie sind die größte Kirche im Land. Jene, die an den Götzen Gesundheit glauben, ihm huldigen, ihn verehren. Die wissen, was gut ist und guttut. Halleluja!

Ihr Bekenntnis: Achte auf deine Gesundheit! Erlöse dich von allem Ungesunden! Banne es aus deinem Leben! Bete zwischen Beeten, nicht zwischen Aschenbechern! Halte maßlos Maß! Mäßige dich massenhaft! Sorge dich um dein Leben, jeden Tag, jede Stunde! Kontrolliere deine Werte! Es ist kein höherer Wert in diesem Leben als Kontrolle. Risiken müssen ausgeschaltet werden, dann lebst du länger und gesünder. Und fällst der Gemeinschaft nicht zur Last.

Kontrolle! Nie übertreiben! Nie vernachlässigen! Jedes Brot, das du isst, jeder Tropfen, den du trinkst, jede Minute, die du zu viel schläfst oder zu wenig, kann dich krank machen. Es gibt jetzt eine Studie! Es gibt noch eine andere Studie! Und eine dritte!

Einst war das Wohl die kleine Schwester des Heils, war die Sehnsucht nach dem einen wie dem anderen nicht mit Leistung zu erfüllen. Nur die Einsicht in die Unvollkommenheit, in die Vorläufigkeit unseres Seins ließ die

Hoffnung zu, dass eines Tages über das Heil auch das Wohl auf uns komme. Der Versuch, weniger un-vollkommen, weniger un-anständig, weniger un-heilig zu sein ist alles, was bleibt.

Das Schöne und das Gesunde gingen in der Geschichte mehr als einmal höllische Beziehungen ein. Züchten und ziehen sind verwandte Worte, und die Unzucht beschreibt ihre Negation. Wer nicht zu erziehen ist, den muss man züchtigen. Oder eben beseitigen, aus der Besserwerdung der menschlichen Körperlichkeit verbannen. Nach Rein-heit strebende Rassen und Religionen wollen alles aus-schließen, was aus ihrer Sicht unrein, unvollkommen, nicht gesund genug ist. Aber: Was ist gesund?

Jesus, „Fresser und Weinsäufer", saß mit den Sündern zu Tisch

Kann es gesund sein, den eigenen Leib ins Zentrum aller Mühe zu stellen? Den Blutdruck zum Alpdruck, den Puls zur Zitterpartie des Glückes zu machen? Die Gemeinschaft der Heilen heilig? Die Freunde des schönen Lebens: nur Sünder am Gemeinwohl? Einst war unter Christen vor al-lem der Wein ein Medium der Entrückung aus dem tiefen Tal des Hier und Jetzt, ein Zipfel Paradies in der schmäh-lichen Langeweile ewig gleicher Tage voller Müh und Arbeit. Im Gottesdienst und danach beim Frühschoppen. Die Besserwerdung geht heute ohne gemeinschaftlichen Gottesdienst und ohne den fröhlichen Rausch und ohne ein anschließendes (zu fettes) bewegendes Mahl. Der alleine gemümmelte Magermilchjoghurt am Veggieday ist ein Zeichen der Vernunft. Das gemeinsame Fressen und Weintrinken ist Sünde. Was Jesus von Nazareth schon wusste, der „Fresser und Weinsäufer" (Matthäus 11,19), der sich mit den Sündern zu Tisch setzte.

Die Zeit ist wie Camembert. Überreif schmeckt sie am besten. Also: Die Zeit ist überreif, das Maßhalten zu mäßigen. Wer maßlos gesund lebt, der lebt ungesund. Wer maßvoll ungesund trinkt, isst, auf der faulen Haut liegt und mit Freunden bis in die Puppen quatscht und raucht, tut etwas für das gemeinsame Wohl derjenigen, die strenge Regeln für nicht mehr und nicht weniger halten als Zaunpfähle, mit denen auch mal gewunken werden kann.

Widersetzt euch dem Präventionsterror! Lasst es darauf ankommen, über die Stränge des Guten zu schlagen und vielleicht dadurch besser zu sein. „Und erfrischend wie Gewitter sind zu Zeiten gold'ne Rücksichtslosigkeiten" – recht hat der Theodor Storm!

Nichts außer dem Unbegreiflichen kann je die Hauptsache sein. Deshalb können Gesundheit und Ordnung niemals hauptsächlich für das Menschenleben werden. Sie sind Hilfsgrößen. Sie sind definitorische Phänomene, die wie alles Irdische vorläufig und – gottlob – zum stetigen Wandel, zur stetigen Neusicht verurteilt sind. Ihre martialische Durchsetzung gegen Menschen und Schicksale ist deshalb mit dem Weg und der Sicht des Jesus von Nazareth nahezu unvereinbar. Nicht die Gesundheit und die zu ihrer Förderung aufgestellten Regeln sind Teil des Heils. Heil kommt aus Glauben, aus Hoffnung und aus Liebe.

Über Kommunikation, unspektakuläre

Tugenden

und die Notwendigkeit des Streitens

Was den Philosophen
Anaxagoras
von meinem Kollegen Willi
unterscheidet

A ls der Kollege Willi zum ersten Mal in meinem Büro stand und mit weit ausholender Armbewegung, gerötetem Gesicht und leicht außer Atem keuchte: „Herr Brummer, wir haben da ein Riiiiiesenproblem!", beschleunigte sich mein Puls merklich. Und meiner Fantasie bemächtigten sich schlimmste Ahnungen.

In Zehntel-, nein in Hundertstelsekundenfrequenz durchzuckten mein Hirn Katastrophenszenarien: Die Druckerei ist bankrott, der Prokurist ist mit der chrismon-Kasse durchgebrannt, alle Grafikerinnen sind einer unheimlichen Infektion zum Opfer gefallen. Die Reihenfolge mag politisch und ethisch inkorrekt sein, vielleicht suchten mich die Schreckensvisionen auch in gerade umgekehrter heim.

„Ja", hauchte ich gefasst, räusperte mich, meine Aufmerksamkeit damit ganz auf den Unheilsboten konzentrierend, „ja – was ist passiert?" Willi sah mir ernst ins Gesicht und hub an: „Die Kollegin Eleonore P. sieht sich außerstande, den Text über die vietnamesischen Fischer vor Juni zu liefern." Schweigen. Dann frage ich: „Und was machen wir?" Willi zog die Stirn kraus: „Am besten ist, wir ziehen die Reportage aus Berlin vor." – „Einverstanden. Sonst noch etwas?" – Nein, das sei alles gewesen, antwortete der Kollege.

Inzwischen erschrecke ich nicht mehr, wenn Willi in die Tür tritt und ein „Riiiiesenproblem" präsentiert. Ich kann mich darauf verlassen, dass er nämlich mindestens drei sofort wirksame Lösungsvorschläge parat hat und es sich eigentlich nur um eine ganz normale Alltagsschwierigkeit handelt. Ich kenne meinen Kollegen inzwischen. Willi ist ein dramatischer Mensch. Er gehört auf eine Bühne. Wie der Bote in einer antiken Tragödie oder einem Werk von Shakespeare tritt er auf, seine Meldung gestisch und mimisch unterstreichend.

In der Lokalredaktion im Schwarzwald, in der ich das Zeitungshandwerk gelernt habe, wirkte die Sekretärin Hilde. Eines Morgens kam sie zehn Minuten später als sonst zur Arbeit. Unser Chef rief ihr spöttisch entgegen: „Na, Hildchen, war's gestern spät?" – „Nee, eigentlich nicht", erklärte die Angesprochene, ohne die Stimme zu heben, „ich hatte heute Morgen nur ein kleines Problem. Mein Auto stand auf dem Parkplatz in Flammen, warum, weiß ich noch nicht." Sie ließ uns mit offenen Mündern stehen, zog in aller Ruhe ihren Mantel aus und setzte sich an ihren Platz.

Hilde „unterspielte", wie die Theaterleute sagen, ein vor allem im Film beliebtes Element zur Steigerung der Spannung. Der Urvater dieser Technik ist Anaxagoras, ein vorsokratischer Philosoph, etwa 500 vor Christus geboren.

Als man ihm mitteilte, dass in einer Schlacht seine beiden Söhne gefallen seien, antwortete Anaxagoras nur knapp: „Ich wusste, dass ich Sterbliche gezeugt habe." Nicht überraschend, dass er sich als Mathematiker vor allem mit der Quadratur des Kreises beschäftigt hat. Wenn man das ernsthaft versucht, ist ein stoisches Wesen allemal nützlich.

Ich sprang auf und griff ihm ans Revers – nichts Schlimmes!

Die geradezu idealtypische Verkörperung des Unterspielers gelang einst dem Schauspieler Peter Falk mit der Figur des TV-Serien-Detektivs Columbo. Als ich mir jedoch neulich aus purer Nostalgie einmal fünf Columbo-Folgen hintereinander reinzog, konnte ich mich ab der dritten einer gewissen Müdigkeit nicht erwehren. Wirklich spannend ist Unterhaltung wohl nur, wenn sie uns zu überraschen vermag.

Ich liebe es, überrascht zu werden, habe meine Freude sowohl am Unterspielen wie an opulenter Dramatik. Eine Meldung mal so, mal so präsentieren zu können, möglichst noch unter Berücksichtigung der jeweiligen Stimmung des Publikums, macht den guten Rhetoriker aus.

Neulich stand der Kollege Willi vor meinem Schreibtisch. „Herr Brummer", sagte er beiläufig, „wir haben da eine klitzekleine Schwierigkeit..." Ich sprang auf und griff ihm ans Revers. Es war tatsächlich etwas Schreckliches passiert. Die Espressomaschine hatte den Geist aufgegeben.

Die Realität ist das Produkt unserer Wahrnehmung.

So werden aus Wüsten blühende Landschaften

D ie Servicewüste Deutschland hat längst Eingang unter die geflügelten Worte gefunden. Auch ich habe an dieser Stelle schon reichlich von Erlebnissen der unfreundlichen Art in Märkten und Behörden erzählt. Nachdem ich mich in den vergangenen Monaten – zunächst eher zufällig, dann aber sehr intensiv – mit der Philosophie des Konstruktivismus beschäftigte, habe ich beschlossen, die Thematik mit veränderter Haltung anzugehen.

Die Konstruktivisten vertreten den Standpunkt, die Realität sei das Produkt unserer Wahrnehmung. Möchte man also die Wirklichkeit verändern, fängt man am besten bei sich selbst an. Deshalb habe ich mir vorgenommen, meine Gegenüber in Bäckereien und Schuhgeschäften, an Kinokassen und Bankschaltern zu belobigen und ihnen zu danken, wann immer sich die Gelegenheit dazu ergibt. Macht jemand ein besonders mürrisches oder trauriges Gesicht, versuche ich es mit einem Scherz oder mit der Frage, ob ich helfen könne.

Nach vier Wochen Praxis kann ich sagen: Die Konstruktivisten haben recht. Meine Realität als Kunde, Klient, Patient oder Antragsteller hat sich auf erstaunliche Weise zum Besseren gewendet. Die Taxifahrerin, die mich vom Leipziger Hauptbahnhof zu einem Termin chauffierte, sah zunächst höchst verkniffen drein. „Wo soll's denn hingehen?", knurrte sie. Früher hatte ich mich in vergleichbaren Situationen hinter der Zeitung versteckt. „Ich muss Ihnen ein Kompliment machen", begann ich dieses Mal, was sie mit stirnrunzelnder Skepsis quittierte. „Ich fühle mich bei Ihnen sehr sicher. Sie fahren wunderbar."

Das hast du nun von deiner peinlichen Schleimerei!

Nach einer kurzen Schaltpause und einem prüfenden Blick in mein Gesicht, begann die Frau aus ihrem Leben als Berufskraftfahrerin in DDR-Zeiten zu berichten. Bis Rumänien und tief in die Sowjetunion sei sie unterwegs gewesen, auf unsicheren Straßen und bei ungünstigen Witterungsbedingungen. „Da lernt man das." Die Zeit verging im Flug. Am Ziel ließ sich meine Chauffeuse kaum davon abhalten, mir den Koffer zur Tür zu tragen. „Hammer uns aber nett unterhalten", grinste sie.

Dem ältlichen Hosenverkäufer bei den Herrenmoden erklärte ich, wie sehr es mich freute, mal von einem erfahrenen Mann bedient zu werden. Eine Jeans, die knapp passte, redete er mir aus: „Nee, die nehmen Sie nicht. Die steht Ihnen nicht, wenn ich das sagen darf." Wann hat mir ein Verkäufer je von etwas abgeraten? Dafür stieg er kurz vor Ladenschluss noch mal ins Lager und schleppte ein Teil herbei, das genau meinen Geschmack traf. Weil ich mich darüber so freute, kaufte ich gleich noch zwei Hemden dazu. Er bedankte sich: „Sie haben einen Verkäufer glücklich gemacht."

Lob an der Kinokasse. Obwohl wir zehn Minuten zu spät auftauchten, hatte die Kartenverkäuferin die reservierten Tickets noch nicht freigegeben. „Jetzt atmen Sie erst mal durch", bremste sie unsere hektische Suche nach der Brieftasche, „soll doch ein entspannter Abend werden." Die Wüste lebt – überall blühende Landschaften.

Zugegeben: Es ist nicht immer so einfach. Der missvergnügte junge Mann in der Computerabteilung ließ es mich auch nach mehreren Demutsgesten deutlich spüren: Ich hasse es, Technikignoranten wie Ihnen ein DV-Kabel erklären zu müssen. Jede meiner Nachfragen, wo ich denn an meinem Notebook den richtigen Steckplatz finden würde, beantwortete er eine Spur genervter als die vorangegangene. „Ich verstehe, dass ich als Techniktrottel Ihre Geduld sehr strapaziert habe. Ich danke Ihnen für Ihre Mühe", verabschiedete ich mich. „Okay", raunzte er und drehte mir den Rücken zu. „Papa, das hast du nun von deiner peinlichen Schleimerei", ließ mich mein Sohn wissen. Da drehte sich der Twen noch einmal zu uns um: „Schleimerei? Dein Vater ist höflich. Das ist keine Schleimerei. Aber ich bin heute mies drauf. Habe die ganze Nacht ein neues Onlinegame gespielt. Sorry. Schönen Tag noch!" Das war der Moment, in dem ich ziemlich stolz auf meine Demut war. Ich sagte nur: „Tja, mein Sohn!"

Es kam einfach über mich. Ich musste mich bei ihm für sein *Vertrauen* bedanken

Wie geht's dem alten Lehrer? Ich hatte mich, wann immer ich in der Gegend war, nach ihm erkundigt und mich an die stets gleiche Antwort längst gewöhnt: „Gut, sehr gut." Und dann berichteten mir meine alten Freunde aus der Heimat, sie hätten ihn von einer großen Bergtour sprechen hören, die er gerade hinter sich gebracht habe, oder von einer zweiwöchigen Russlandreise, die er demnächst antrete. Von einem 75-Jährigen nicht die schlechtesten Signale.

Doch eines Tages, ein paar Wochen nach seinem runden Geburtstag erreichte mich eine anders lautende Botschaft: Er hat einen Hirnschlag erlitten. Bei einem Routineeingriff im Krankenhaus – noch schnell vor der Russlandreise – hat sich eine Thrombose in der Halsschlagader gelöst und ist nach oben marschiert. Er kann nicht mehr reden und auch nicht schreiben, die rechte Seite ist gelähmt.

Wochen-, nein, ich sage es ehrlich, monatelang habe ich mir vorgenommen, ihn zu besuchen. Es kam immer etwas dazwischen. So habe ich es wahrgenommen. Von heute aus betrachtet gebe ich zu: Ich habe mich auch gedrückt. Ich hatte regelrecht Bammel, ihm, dem ich so vieles verdanke, in seiner Schwäche zu begegnen. Als diese Einsicht langsam heraufdämmerte, schaute ich in den Spiegel und raunzte mich an: „Da erzählst und predigst du deiner Umgebung ständig großartig, dass man dem Leiden nicht feige aus dem Weg gehen soll und bist selbst oberfeige. Toll! Ganz toll, Brummer!"

Ich bin da gewesen. Bei ihm zu Besuch. Vor ein paar Wochen. Er hat sich gefreut. Und wie! Wie ein Kind. Wenn einer nicht reden kann, äußert er sich eben mit fröhlichen Lauten und zappelt wie ein kleiner Junge. Den Rest an Verständnislücken überbrückte seine Frau. Sie stellte ihm in einer Art Multiple-Choice-System Fragen: Meinst du, Arnd Brummer sehe gut aus? Kopfschütteln. Oder müde? Seine Geste sagt: Die Richtung stimmt. Angespannt? Beifälliges Nicken. Sie machte das ganz wunderbar. Wir tranken Tee, ein Kerzlein brannte. Es dämmerte. Ich erzählte, was sich seit unserem letzten Treffen vor einigen Jahren bei mir so alles ereignet hat.

Er hatte mich als blutjungen Kerl engagiert, mir journalistisch den Horizont geweitet, mir vertraut und unglaubliche Chancen eröffnet. Das sagte ich ihm an diesem Nachmittag. „Ohne dich wäre ich nicht der geworden, der hier sitzt. Du bist neben meinem Vater der wichtigste Mann in meinem Leben gewesen. Ich danke dir für all dies. Und ich hoffe, ich kann den Jungen nach deinem Beispiel begegnen." Ich hatte mir nicht vorgenommen, so mit ihm zu reden. Mit einem Mal war mir einfach danach. Wobei das eigentlich viel zu vorsichtig formuliert ist. Ich zögere. Es hilft nichts, ich muss zu der uralten Formel greifen: Es kam über mich. Woher?

Er hörte es gern. Das sah ich. Doch das ist nicht der Grund für meinen Dank. Es freute mich, dass es ihn freut – aber ich will ihm keine Freude machen. Ich bin es ihm schuldig. Vor allem aber: Ich bin es mir selbst schuldig.

Selten bin ich so fröhlich und weinend irgendwo aufgebrochen

Wir wechselten das Thema, redeten darüber, was ihm die Reha gebracht hat. Seine Frau: „Er kann deutlich mehr ausdrücken als vorher." Und er brachte zunächst mit größter Mühe, schließlich aber mit sichtbarer Genugtuung das Wort „Sieben" über die Lippen. Sieben Wochen war er im Sanatorium.

Ich verabschiedete mich. Seine Frau wollte mich zur Tür bringen. Energisch bestand er darauf, mich zu begleiten.

Wir standen im Windfang vor dem Haus. Ich streckte ihm die Rechte entgegen.

Ein Umarmer war er nie, legte eher Wert auf körperliche Distanz. Jetzt nahm er mich in seine Arme, drückte mich an sich, küsste mich. Er lachte mich an, während ihm die Tränen runterrannen, stieß einen Laut aus, der nach „Ade!" klang.

Selten bin ich so glücklich und fröhlich und weinend irgendwo aufgebrochen.

Komplimente

hört man gern.
Wenn sie tatsächlich so
gemeint sind,
wie sie klingen

Sudoku – wer mir vor ein paar Jahren erzählt hätte, dass ich mal ganze Bahnfahrten von Berlin nach Frankfurt damit verbringe, Zahlen zwischen 1 und 9 in 81 Kästchen zu sortieren, dem hätte ich Boshaftigkeit unterstellt. Nun bin ich dieser japanischen Knobeldisziplin tatsächlich verfallen. Zunächst mehr zufällig hatte ich auf einer meiner Reisen aus Mangel an Lesestoff begonnen, die enstprechenden Felder auf der Unterhaltungsseite einer Gazette auszufüllen. Es fiel mir nicht allzu schwer.

Inzwischen werden es einige Tausend dieser Raster geworden sein, die ich gefüllt habe. Da ich die Allerweltsaufgaben in den meisten Zeitungen und Magazinen in wenigen Minuten zu lösen vermag, muss ich in Zeitschriftenläden und an Bahnhofskiosken nach schwerer bis schwerster Rätselkost stöbern.

Je nach Tagesform und Lust liegt meine Sudoku-Herausforderung zwischen „schwierig" und „sehr schwierig". Es kommt so gut wie nie vor, dass ich an „schwierigen" Rätseln scheitere, an „sehr schwierigen" habe ich manchmal lange zu knacken, eines von geschätzten fünfzig gebe ich auf. Die in den einschlägigen Heften angegebenen Schwierigkeitsgrade stimmen in den allermeisten Fällen ungefähr. Dennoch weiß ich natürlich, dass sie sich von den Prädikaten am „Hau-den-Lukas" auf dem Jahrmarkt kaum unterscheiden. Wenn man dort als „Preisboxer" oder „Superstar" vom Gerät geht, hält dieses Lob vielleicht zwei Runden Bier aus. Alles nur Spaß! Wirklich?

Neulich habe ich mir eine Rätselsammlung gekauft, die auf „schwer" die Kategorie „teuflisch" folgen ließ. Als ich den Bleistift spitzte, um mich an die erste diabolische Herausforderung zu wagen, kribbelte es wie bei einem Bergsteiger angesichts einer noch nie bezwungenen Wand. Ich hielt inne – und legte los. Zu meiner Überraschung hatte ich nach vier, fünf Minuten alle Zahlen erfolgreich eingetragen. Glück gehabt. Das Nächste. Wieder in kürzester Zeit gelöst. Und noch eins. Erneut kein Problem. Was mir als „teuflisch" angekündigt war, hätte eigentlich unter „lächerlich" firmieren müssen. Ich fühlte mich regelrecht verschaukelt.

Als ich meinem alten Freund Joe, der mich gerade anrief, meinen Ärger mitteilte, sagte der: „Komm, tu nicht so! Du bist einfach zu schlau. Das willst du doch jetzt hören, oder?" Das war nun völlig daneben. Ich weiß, was ich kann und was nicht. Ich habe mich nicht über Nacht in einen unschlagbaren Sudoku-Crack verwandelt. Ich bin gut, aber nicht sehr gut. Und ich habe es nicht nötig, nach billigen Komplimenten zu fischen. Die machen mich nämlich genauso verdrießlich wie fehlende Anerkennung. Aber was mich beleidigt und empört, ist die Erkenntnis: Da testiert dir jemand, teuflisch schwere Rätsel zu lösen, nur weil er möchte, dass du als „Könner" und „Kenner" seine Hefte wieder kaufst. Futter für dein Selbstwertgefühl, Rückfutter für seine Kasse – eine abgefeimte Marketingstrategie, die zumindest bei mir nicht funktioniert.

Futter für das Selbstwertgefühl, Rückfutter für die Kasse

Wer eine Technik übt, eine Sportart regelmäßig betreibt, wer ein Instrument spielt, wer schreibt oder malt, der lernt sich einzuschätzen. Je mehr man kann, desto deutlicher wird einem, wie viel zur Meisterschaft noch fehlt. Je mehr Zusammenhänge man durchschaut, je tiefer man in die Materie vordringt, desto klarer sieht man, welche Berge von Nichtwissen vor einem liegen. Zur sokratischen Einsicht „Ich weiß, dass ich nichts weiß", zur Demut sind Wissen und Kenntnis erforderlich. Wer etwas kann, weiß, wann ein Urteil über sein Können gerecht ist und wann nicht.

Gerechte Anerkennung, gerechter Lohn – wer darüber nachdenkt, wird „ungerecht" in der Regel mit „zu wenig" gleichsetzen, mit Zukurzkommen. Aber auch Überhäuft-werden, Übertreibung ist ungerecht. Wir sprechen dann jedoch lieber von „unverdient".

Als Sudoku-Freund fühlte ich mich unterfordert und überbewertet. Beides hatte ich nicht verdient. Der Herausgeber dieser Serie „teuflischer" Rätsel wird jedenfalls an mir nicht mehr allzu viel verdienen.

Über rhetorische Bescheidenheit und *erfrischendes* Selbstbewusstsein

Die Lobreden nahmen kein Ende, als unsere Freundin Sybille neulich runden Geburtstag feierte. Ihre Chefin würdigte Kompetenz, Einsatzbereitschaft und ihr langjähriges Wirken im Klinikum. Der Vorsitzende des Personalrates pries ihre Kollegialität. Die Kollegen dankten für Hilfsbereitschaft und Zuwendung. Ehemann Volker hielt eine anrührende „Was wäre ich ohne dich"-Rede. Die Kinder ernannten sie zur besten Mama der Welt. Abordnungen der Gemeindevertretung und des Kirchenvorstandes hoben ihren Ideenreichtum hervor und ihr „nie nachlassendes Engagement für Kirche und Gesellschaft". Na denn!

Dann ergriff Sybille das Wort. Sie machte es kurz: „Ich danke allen, die hier gesprochen haben, für die angemessene und zutreffende Würdigung meines Wirkens und meiner Person. Ich bin erfreut über diese Anerkennung." Ein Raunen ging durch die Festgesellschaft. „Typisch Sybille", flüsterte jemand hinter mir. „Das ist ihr spezieller Humor", tuschelte es rechts. Und links fauchte jemand unverhohlen empört: „Eine solche Arroganz ist schon einmalig!"

„Tja, was denkst du über diesen Auftritt unserer Freundin?", fragte mich Norbert auf der Toilette, während wir uns die Hände wuschen. Ich musste nicht lange nachdenken: Erfrischend ehrlich, geziemend und recht. „Finde ich eigentlich auch", sagte Norbert, „aber es ist doch ziemlich ungewohnt, dass jemand so reagiert. Normalerweise tut man das nicht. Normalerweise ist man überwältigt von so viel Lob, es fehlen einem die Worte. Man dankt für dieses Übermaß an Preis und Ehre. Man wird rot vor Scham. Oder behauptet es wenigstens." Man bedient sich der rhetorischen Formel der Bescheidenheit.

Im Württembergischen, wo ich einige Jahre gelebt habe, erspart man den Menschen in der Regel diese Peinlichkeiten. Dort gilt unter guten Evangelischen der Grundsatz: „Net gschimpft, isch gnug globt." Ein Stuttgarter Metzger, bei dem ich häufig einkaufte, erklärte mir die tiefere Weisheit dieses Satzes, als ich ihn dafür lobte, wie gut seine Ware sei: „Mit zviel Lob bringt mer d'Leut nur in Verlägenheit." Demut sei die wichtigste Tugend, das Einzige, dessen man sich rühmen dürfe: „Mei Demut isch mei ganzer Stolz." Oder: „In Bescheidenheit lass i mi von koinem ibertreffe."

Diese ironische Verkehrung macht deutlich, was im wirklichen Leben so anstrengend ist. Etwa wenn ein Kandidat für ein kirchliches Amt nicht sagen darf, dass er sich für befähigt hält und bereit sei, seine Begabung in den Dienst der Gemeinde zu stellen. Nein, gedrechselt und gewunden lautet die aus seinem Munde erwartete Formel etwa so: „Schwach und unwürdig, wie ich bin, war ich sehr überrascht, als ich für dieses Amt vorgeschlagen wurde. Nach langem Zögern bin ich aber nun bereit, mich zur Verfügung zu stellen, falls ihr es wirklich wollt und es dem Herrn gefällt." Jeder im Saal weiß natürlich, wie die Übersetzung in Nichtevangelisch lautet: „Ich finde es gut, dass ich vorgeschlagen wurde. Ich mache es gern. Und ich glaube, dass ich mit dem, was ich kann, zum Wohle aller wirken kann." Man kann das so sagen, das ist nicht überheblich.

Die Anerkennung der eigenen Fähigkeiten bedarf allerdings im christliche Sinne einer Ergänzung: Ich weiß, dass ich mich und meine Begabungen nicht mir selbst verdanke. Aber genau deshalb freue ich mich, wenn sie anderen – und auch mir selbst – zum Segen gereichen.

Täglich eine Dosis Frischlob
braucht der Mensch

Wenn man etwas geleistet hat, darf man sich darüber freuen. Das schließt den Dank an Gott und die anderen um einen herum nicht aus. Man darf Lob als Antrieb und Ermutigung registrieren, wie es Robert Gernhardt beschrieb: Der Mensch sei unbegrenzt belobbar und er brauche täglich seine Dosis Frischlob. Ich kann da nur hinzufügen: Meine Eitelkeit ist so maßvoll, dass ich eigentlich schon wieder uneitel bin. Sybille übrigens wollte keine Geschenke, sondern sammelte Spenden für ein Kinderhospiz, das ihr am Herzen liegt.

Die
Revolutionäre
von gestern sind
konservativ

Eine gute Ordnung ist wichtig. Verlässliche Öffnungszeiten von Geschäften und Behörden etwa, Abgabetermine für Steuererklärungen, feste Termine für Abteilungskonferenzen im Betrieb, Stundenpläne in der Schule, geregelte Abläufe in Gottesdiensten, bei Feiern oder Vereinsfesten. Eine Ordnung, Agenda, Liturgie, eine Zeremonie streng nach Protokoll sorgt dafür, dass alle ungefähr wissen, wie der Hase läuft, sich nicht fremd fühlen.

Wenn solche Ordnungssysteme über Jahre, Jahrzehnte oder gar über mehrere Generationen hinweg funktionieren, werden sie von den Organisatoren und Verantwortlichen mit dem Adjektiv „traditionell" versehen, was aus dem Lateinischen kommt und so viel bedeutet wie „überliefert", „weitergegeben".

Bei uns im Club gibt es auch eine schöne Tradition. Im Februar, wenn der Vorstand zur Jahreshauptversammlung lädt, so war es wohl mal gedacht, sollte es nicht beim Abarbeiten der Tagesordnung bleiben. Also haben die Funktionäre dereinst beschlossen, im Anschluss an die Regularien zu einem sogenannten gemütlichen Teil einzuladen. Es muss wirklich schon lange her sein, denn auch die Älteren im Verein haben Mühe, sich genau zu erinnern, wann das war.

Manche sagen, die Idee stamme aus den frühen 60er Jahren, andere meinen, sicher zu wissen, dass der „gemütliche Teil" in den 70ern eingeführt wurde. Alle Zeitzeugen aber berichten übereinstimmend, dass es triftige Gründe für die Stiftung des „fröhlichen Miteinanders" gab. Über Bauprojekte, den Umgang mit Geld und den Zustand der Jugendabteilung seien Vorstand und Mitgliedschaft in einem Maße zerstritten gewesen, dass bei einer der Versammlungen schon der Antrag zur Auflösung vorgelegen habe. Dann aber habe der legendäre Ehrenvorsitzende Matze Schmidt spontan das Wort ergriffen und gerufen: „So gehen wir nicht auseinander, so gehen wir nicht in die Nacht hinaus!" Daraufhin habe er ein Lied angestimmt. „Schwarzbraun ist die Haselnuss" sei es gewesen, erzählt Onkel Herbert. „Nein, ‚Die Gedanken sind frei'", behauptet Matzes Neffe Rolf. „Beide Lieder wurden gesungen", weiß Schorsch Raster. Er muss es wissen, denn er ist unser ehrenamtlicher Archivar. Jedenfalls war Matze Schmidts Initiative erfolgreich. Erst zögernd, dann immer lauter und fröhlicher sangen alle mit. Daraufhin kam Lore, die Schriftführerin, auf die Idee, die schönste Krawatte des Abends auszuzeichnen, Kurt, der Heimatdichter, las eine Mundartgeschichte vor, und schließlich wurde noch mal gesungen. Irgendwann nach Mitternacht lagen sich alle in den Armen. Und sie beschlossen, künftig nach jeder Hauptversammlung in froher Runde zusammenzukommen, um das menschliche Fundament zu stärken.

Matze Schmidt und der Dichter Kurt sind lange tot. Andere sind in ihre Rollen geschlüpft. Jetzt gibt es wieder großen Krach im Club. Und sein Grund ist der „gemütliche Teil", genau gesagt sein immer gleicher Ablauf: Der Vorsitzende begrüßt und stimmt ein Lied an („Schwarzbraun" oder „Die Gedanken"), der Vize liest eine seiner langweiligen Mundartgeschichten, und dann gibt es irgendeinen blöden Preis für irgendeine sinnlose Aktion. Das mit der Krawatte geht nicht mehr, weil niemand mehr eine trägt. Nun hat eine Opposition den Antrag gestellt, den „gemütlichen Teil" oder zumindest dessen Programm abzuschaffen. Mit diesem spießigen Quatsch müsse endgültig Schluss sein.

Kampf um die Seele des Clubs – Kulturbanausen gegen Ewiggestrige

Das überraschenderweise gar nicht so große Lager der Traditionalisten reagierte empört: „Wer den gemütlichen Teil kippt, zerstört die Seele des Clubs!" Eine Kampfabstimmung drohte. Kulturbanausen gegen Ewiggestrige. Doch wir haben einen schlauen Vereinsboss (der im Übrigen gar keine Lust hat, Lieder anzustimmen und Preise zu verleihen). Sein Kompromissantrag wurde letztlich fast einstimmig verabschiedet. Der gemütliche Teil gehört nicht mehr zum ordentlichen Programm, sondern findet „inoffiziell" statt, auf freiwilliger Basis. Und alle, die Lust haben, können etwas vortragen oder singen, aber nicht länger als fünf Minuten. Beste Aussichten für eine neue Tradition.

Vom Glück
der schrankenlosen
Kommunikation
in beschränkten
Situationen

Schrankenlos leben! Das wäre schön in unserem Dorf. Circa sechzigmal im Laufe eines Tages ist unser beschauliches Örtchen geteilt. Dann fährt die S-Bahn durch oder der Regionalexpress oder ein Güterzug. Der Bahnübergang befindet sich nicht irgendwo am Rande der Siedlung. Nein, die Bahn kreuzt unser Dorf ziemlich exakt in der Mitte, zwischen Kirche und Supermarkt, zwischen Sparkasse und Tankstelle, zwischen Arztpraxis und Apotheke, zwischen Kiosk und Wirtshaus.

Seit vier Jahren leben wir hier. Und immer noch stehen wir mit dem Auto oder als Fußgänger leise schimpfend vor den geschlossenen Schranken. Natürlich haben wir nach ein paar Monaten, wie alle Zugezogenen, gefragt, ob es denn nie Pläne gab, die Trasse zu verlegen, sie einzubuddeln, zu untertunneln oder auf Stelzen zu setzen. Lächelnd haben uns die schon länger hier Lebenden dann erzählt, warum es keiner Wutbürger bedurfte, um jedwede Pläne scheitern zu lassen.

Neulich, als ich mit meinem Hund mal wieder einen erfolglosen Spurt hingelegt hatte und die Schranken unter leisem Bimmeln niedergehen sah, kam ich prustend neben einem meiner Nachbarn zum Stehen. „Das ist mir schon hundertmal passiert", grinste er mich an. Und fragte, wie es so ginge, wie wir das neue Jahr begonnen hätten. Er erzählte, dass er nächste Woche wieder ins Krankenhaus müsse. „Nix Großes" – aber was Lästiges: „Die Prostata." Und seine Tochter habe endlich einen Job. Das musste er brüllen, weil gerade die Lok an uns vorüberdonnerte. Die Barriere hob sich, wir wünschten einander einen guten Tag.

Genaugenommen, dachte ich beim Weitergehen, ist die Bahnschranke mitten im Ort ein Segen. Sie stiftet Kommunikation. Oft genug beginnt es mit einem gemeinsamen Schimpfen: „Wie lange dauert es denn heute! Kann der Wärter nicht endlich aufmachen? Die Züge sind doch jetzt schon eine ganze Weile durch!" Erst vorgestern kam ich so mit Lore aus dem Kirchenchor ins Gespräch. „Das ist doch gar nichts", erwiderte sie, „was meinst du, wie lange ich hier schon gestanden bin? Einmal fast eine halbe Stunde. Es wurde schon vermutet, irgendwo sei ein Zugunglück passiert, dabei war der Kerl im Stellwerk an den Knöpfen einfach eingeschlafen. Sie haben ihn telefonisch geweckt." Und dann fragte Lore, ob ich zum Neujahrskonzert vom Chor käme.

Ein anderer Hundebesitzer erzählt mir unterm Warten, dass es etwas Neues gegen Zeckenbisse gebe. Zwei Mütter von Kita-Kindern berichten, dass dort ein grippaler Infekt umgehe. Max Stelzer zeigt uns stolz sein neues Elektrorad, erträgt gutmütig den Spott, dass ihm das am Bahnübergang aber auch nichts nütze. Und ich weiß auch, warum Herr X., der sonst so Freundliche, in den letzten Tagen so freudlos dreinschaute. Seine Nachbarin verriet: „Der Arme hat bei der Bankenfusion seine Zweigstellenleitung verloren."

„Ihr gehört schon dazu", sagte mir Paul aus dem Fußballclub neulich. Ja, man kennt uns und grüßt uns. „Das liegt mit Sicherheit auch an den Gesprächen vor der Schranke." Paul hat mich besonders genau beobachtet: „Wenn ein Autofahrer den Motor nicht ausmacht, drehst du dich langsam, mit ärgerlicher Miene zu ihm um und fixierst ihn, bis er reagiert. Wie ein Hiesiger!" Wenn das kein Kompliment ist.

Frau F. erzählte mir, wie ihr Mann starb, und machte mir Mut

Nach zahlreichen Wohnsitzwechseln mit oft ziemlich langen Anlaufzeiten beim Aufbauen von nachbarschaftlichem Kontakt, plädiere ich für Schranken, für ungewollte Stopps im täglichen Rennen und Hasten. Und wenn sie nur die minimale Gemeinschaft des Klagens über sie ermöglichen.

Aus Erfahrung weiß ich, dass es dabei eben nicht bleibt. Ich hätte von Frau F. nicht persönlich erfahren, wie ihr Mann starb, und sie in die Arme schließen können. Und sie hätte mich nicht ermuntert, Geduld mit meiner operierten Schulter zu haben – „Ich habe das auch aushalten müssen. Es nervt, aber es geht rum. Herr Brummer, verlieren sie den Mut nicht! Alles Gute!" Lauter bitte, der Zug kommt!

Sie wollen doch nur

ihre Ruhe,

die beiden älteren Leute.
Und halt ein bisschen helfen.
Mehr nicht

Gustl O. wohnt in einem schönen Haus, nicht zu groß und nicht zu klein. Gerade so, dass seine Frau Lilli und er – beide in Rente – es in Schuss halten und sich daran freuen können. Die Rente der O.s ist gut. „Wir kommen zurecht", ist die gleichlautende Lieblingsantwort von Lilli und Gustl auf alle Fragen in diese Richtung. Reichtümer besitzen sie wohl nicht. Halt! Falsch! Sie sind reich.

Lilli wäscht für die Nachbarin, „weil der immer alles wehtut". Anerkennende Worte erleiden dasselbe Schicksal wie neugierige Fragen: Wieso? Die Arbeit macht doch die Waschmaschine. „Das bissel Tragen, Ein- und Ausräumen und Aufhängen" sei doch nicht der Rede wert. Und das Bügeln? Na ja, „das mach ich beim Fernsehen".

Gustl war Ingenieur. Auch mit 70 ist er elektronisch noch ausgesprochen fit. Wenn jemand – und das ist ja keine Seltenheit –Probleme mit dem Netz, mit dem Druckertreiber oder anderen PC-Absonderlichkeiten hat – Gustls

Telefonnummer hängt in der Siedlung an mancher Pinnwand.

Neulich habe ich ihn auch angerufen. Erst als sich seine knurrige Stimme meldete, habe ich auf die Uhr gesehen: 12.10 Uhr! Da sitzen doch Rentner am Mittagstisch. Meine Entschuldigung kam in denselben Sack wie Neugier und Lob: „Kein Problem. Der Salat wird nicht kalt. Wo brennt's denn?" Unter keinen Umständen ließ mich Gustl auf eine genaue Beschreibung des Fehlers „Kein Netz" verzichten. „Lassen Sie mich nachdenken", antwortete er und bot an, gleich einmal vorbeizuschauen. „Wenn es Sie nicht stört?" Der Mann hat Nerven. Nichts würde mich weniger stören, als dass er mir hilft.

Er kam, kroch unter meinen Schreibtisch, schraubte den PC auf, murmelte etwas, ging kurz nach Hause, kam nach ein paar Minuten mit einem Elektronikteil zurück: „Ist nicht mehr ganz neu, löst aber Ihr Problem." Er baute es ein. Alles funktionierte wieder tadellos. „Schenk ich Ihnen", grinste Gustl. Ich flitzte in den Keller und holte eine Flasche Wein. Mein Nothelfer wehrte sich, als würde ich ihm „fürs Nasenputzen", wie er seine Arbeit nannte, einen unziemlichen Goldklumpen aufdrängen. Erst als ich ihn zitierte – „Schenk ich Ihnen" – nahm er an. Immerhin raunte er nach Lektüre des Etiketts: „Hechtsheimer – den trinken wir in unserer Familie gern."

Als der kleine Supermarkt im Ort aufzuamseln drohte, wer ließ einen Flyer – „Flugzettel", sagt Gustl – drucken? Blöde Frage! Lilli: „Wenn man einen Laden im Ort will, sollte man dort auch einkaufen. Das steht auf dem Flugzettel." Dem Ladenbesitzer, so ist zu hören, hat Gustl dringend geraten, seine Kunden nicht dafür zu beschimpfen, dass sie bei ihm nur einkaufen würden, was sie in der Stadt vergessen haben. „Da musst du deine Geschäftsidee draus entwickeln: Bei mir kriegst du, was du woanders vergessen hast." Die Ohren, die Zeuge von Gustls Laden-Coaching wurden, haben es in der gesamten Siedlung herumgetragen.

Zu viel für uns – wir brauchen Ruhe.
Was nicht alles „Ruhe" heißen kann

Gustl ist das gar nicht recht. „Ich hab die Weisheit auch net mit dem Löffel gefressen. Die Leut sollen net so übertreiben. Ich habe ihm halt gesagt, was man so denkt." Aber dass der Umsatz des Kleinhändlers um 20 Prozent gestiegen ist und „der jetzt zurechtkommt", das ruft dann doch wenigstens ein kleines, zufriedenes Grinsen, ein geringes Heben der Gustl-Mundwinkel, hervor. So sieht er also aus, wenn er zufrieden einen Erfolg verbucht.

Gustl und Lilli üben aus, was man in Sonntagsreden gerne Bürgertugenden nennt. Sie helfen jeder und jedem, ohne Ansehen der Person, wenn sie es können. Sie sind reich, sehr reich: hilfreich. Und das Schlimmste ist: Sie halten dies für völlig „normal".

Natürlich hat man den beiden auch schon Ämter in Vereinen oder Listenplätze bei kommunalen Wahlen angeboten. Logisch. Die beiden kennt man schließlich im ganzen Ort und drum herum. Heute würde man sagen, sie sind hervorragend vernetzt. Gustl und Lilli haben noch immer abgelehnt. „Das ist zu viel für zwei alte Leut. Wir brauchen Ruhe." Tja, was so alles „Ruhe" genannt werden kann.

War das jetzt ein fröhliches Gespräch, oder haben wir *Krach* gemacht? Grenzerfahrungen im Großraumwagen

Wir sitzen im Zug. Noch zweieinhalb Stunden. Der Waggon ist gut gefüllt. Ein paar der Mitreisenden sind hinter Zeitungen und Büchern verschwunden, andere haben ihre Augen auf die Bildschirme von Notebooks, iPads oder Telefonen geheftet. Neben uns spielt eine Familie am Vierertisch Karten. Und wir – mein Kollege und ich – haben uns etwas zu erzählen. Wir reden über Italien, über leerstehende Priesterseminare, über Urlaub im Winter, über Radfahren und Wandern. So lässt sich das Leben in vollen Zügen genießen.

Dann steht die Rachegöttin neben uns im Gang und zischt: „Können Sie endlich Ihr Gespräch beenden! Ich muss diesen ganzen Quatsch mit anhören und kann mich nicht konzentrieren." Wir sind etwas verdattert und schauen wohl auch so drein. Schon taucht eine zweite Bewohnerin des Meeres der Stille auf: „Genau! Wir lesen hier und arbeiten. Ruhe jetzt endlich!" Etwas verunsichert schauen wir uns um. Es gibt ja Abteile und Wagen, in denen kleine Psst!-Schildchen an den Wänden drum bitten, leise zu sein und keine Handys zu benutzen. Nicht in diesem Großraumabteil. Und da wir weder krakeelt noch lautstark gelacht und Trinklieder angestimmt, sondern uns in Zimmerlautstärke unterhalten haben, weisen wir höflich auf diesen Umstand hin: so leid es uns tut.

Die Zürnenden beeindruckt das nicht. „Wir alle wollen Ruhe, und da haben Sie sich anzupassen!", sagt die jüngere der Frauen, die bisher hinter dem Notebook kauerte. „Ja, anzupassen haben Sie sich", bellt die ältere Dame. Die Karten spielenden Mädels und ihre Eltern schweigen erschrocken. Und auch wir verstummen. Wenigstens für ein paar Minuten.

Ja, es stimmt, dachte ich, wie oft haben mich schon die Telefonisten gestört: „Hallo, Inge, ich bin jetzt in Kassel." Oder die fröhliche Vertreterstimme: „Und dann das Größte: Helmut, sage ich, halt dich fest, sage ich. Und dann er. Nee, das glaube ich nicht. Nee, das glaubt er nicht, sage ich: Helmut, das ist der Riesenabschluss. Im Package. Und er: Unglaublich!"

Und ich erinnere mich, als sei es gestern gewesen, an die Fahrt von Stuttgart nach Köln. Drei Stunden hörte ich von alkoholisierten Betriebsausflüglern den ultimativen Reim: Uns geht es gut, wir denken nicht an morgen, uns geht es gut, wir haben keine Sorgen! Soldaten auf dem Weg nach Hause und Fußballfans nach siegreichen Auswärtsspielen. Und man selbst hat eine mehrstündige Konferenz hinter sich.

Wo ist die Grenze, wann wird aus fröhlichem Gespräch Belästigung? Und wer bestimmt, wann sich wer wem anzupassen hat?

Der Kartenspieler-Vater raunt uns mit wienerischem Akzent zu: „Sie warn wirklich net zu laut. Wir haben noch ein Stückerl zu fahren, sechs Stunden bis Wien. Uns stört's net, wenn sie so wie vorher plaudern." Aus Wien sind sie. Na, da haben wir doch schon wieder Stoff für einen kleinen Plausch – und die Herrinnen des schweigenden Transports völlig vergessen. Die Österreicher haben Urlaub an der Nordsee gemacht und wir vor ein paar Monaten einen kurzen in Wien. Der Kollege schwärmt vom Stephansdom und ich vom Musiklokal „Jazzland" am Franz-Josefs-Kai. Die Wiener fanden es an der Küste „einfach traumhaft".

Sartre hatte recht:
Die Hölle, das sind die anderen!

„Können Sie jetzt endlich auf-hö-ren! Das ist ja unglaublich. Ich muss ar-bei-tennnn! Und Sie reden über Urrrrlaub!" Ich ahne, was sie bedrückt. Ein Bannstrahl wird uns treffen. „Nun ist wirklich Schluss!"

Ich bin hin- und hergerissen zwischen Mitleid und leisem Zorn. Natürlich, wir haben uns nur halblaut unterhalten. Gut, ich habe mal lauter gelacht. Neil Diamonds Stadt-Song „What A Beautiful Noise" fällt mir ein und die Zeilen aus dem alten Nonsensgedicht „…drinnen saßen stehend Leute, schweigend ins Gespräch vertieft". Aber, was nützt es? Letztlich stimmt die gallige Sottise aus Jean-Paul Sartres „Geschlossene Gesellschaft": Die Hölle, das sind die anderen!

Ein
Geschenk?

Nicht nötig?
Du bist ja verrückt!

E lke ist ein toller Mensch. Wir kennen und schätzen sie seit dreißig Jahren. Sie und Gustl, ihr Ehemann, sind für uns wirklich beste Freunde. Und da Elke neulich einen runden Geburtstag feierte, haben wir uns natürlich überlegt, was wir ihr schenken. „Sie spielt immer noch Tennis", meinte meine Frau, „da könnte uns doch etwas einfallen." Und sie liest gerne, am liebsten skandinavische Krimis. Oder ein Rheingauer Riesling? Oder alles zusammen?

Und dann flatterte uns die Einladung zum Geburtstagsfest in den Briefkasten. Edel, auf Bütten – wie man früher zu sagen pflegte. In einem nahe gelegenen Ausflugsgasthof würde man uns gerne am 25. abends begrüßen. Doch dann, ganz am Ende des freundlichen Kärtchens, stand der Satz, der mich von Herzen ärgert: „Von Geschenken bitte ich abzusehen." Stattdessen wurden wir aufgefordert, eine Spende mit dem Kennwort „Elke" auf das Konto der Soundsostiftung zu überweisen. Über deren Wohltätigkeit könne man sich im Internet unter Soundso.de informieren.

Edel, hilfreich, gut! Und total verkrampft. Diese Art der wohlanständigen Selbstlosigkeit greift um sich. Kaum eine Einladung zu einer Familienfeier, die es einem erlaubt, der Jubilarin oder dem Jubilar einfach etwas Gutes und Schönes zu bescheren.

Was ist eigentlich der Sinn eines Geschenkes? In meinen Augen ist es ein Versuch, jemandem eine Freude zu machen, sie oder ihn zu überraschen mit einer Gabe, die eine Brücke baut zwischen den Schenkenden und den Beschenkten. Meine Mutter liebte die Stimme des Tenors Fritz Wunderlich. Sie freute sich über die Maßen, wenn eine Freundin sich das gemerkt hatte und ihr dann auch noch eine neue oder ihr bisher unbekannte Aufnahme von Liedern oder Arien schenkte. Die Botschaft kam an: Ich denke an dich.

Fritz Wunderlich oder jedes Jahr eine Kittelschürze

Weniger erfreut war sie über die obligatorische Kittelschürze, die sie von ihrer Schwiegermutter zu Weihnachten erhielt. Denn diese Botschaft kam ebenfalls an: Du bist als Hausfrau nicht gut genug. Geschenke sind Aussagen über Beziehungen. Man sollte sich darüber freuen, wenn sie passen, und sich nicht zu sehr ärgern, wenn eben nicht.

Und natürlich dürfen die Beschenkten bescheiden abwehren, wenn sie von den Gaben überwältigt sind. Auch das konnte Mama perfekt: Nein, das wäre doch nicht nötig gewesen! Du bist verrückt! Was das gekostet hat! Und in den Augenwinkeln schimmerten die Tränchen der Freude.

Wie langweilig ist doch dagegen konfektioniertes Pflichtspenden, das natürlich auf dem Wege des Onlinebankings und somit entpersonalisiert stattfindet, wenn auch ärgerfrei. Wobei Letzteres nicht ganz stimmt. Neulich wurde ich zufällig Zeuge eines Gesprächs zwischen zwei Frauen mittleren Alters. Eine von ihnen hatte wohl wie Freundin Elke ein Spendenkonto auf einer Einladung genannt. „Und stell' dir vor: die M.'s! Was glaubst du, haben die überwiesen? 50 Euro! Ich dachte, ich fass es nicht. Mindestens das Doppelte hätte ich von denen erwartet."

Alles, was unter dem Kennwort eingeht, wird taxiert. Das findet natürlich auch mit Sachgeschenken zu Konfirmationen, Hochzeiten und Geburtstagen statt. Vor allem in schwäbischen Haushalten. Aber mit Überweisungen ist es leichter. Da muss man nicht schätzen, was der Wein, das Buch, die Blumen gekostet haben; man sieht es schwarz auf weiß.

Einen guten Weg, finde ich, hat unser Nachbar Bill gefunden: Auf seiner Einladung stand: Ich freue mich, wenn ihr kommt –und auch über eure Geschenke. Und wer darüber hinaus was Gutes tun will, kann auf das Konto der Soundsostiftung eine Spende überweisen.

Natürlich haben wir Elke beschenkt. – „Das wäre doch nicht nötig gewesen! Habt ihr die Einladungskarte nicht gelesen?" Doch, haben wir! Wir haben auch etwas überwiesen. Und vielleicht hört demnächst jemand: Der Brummer – immerhin 50 Euro, obwohl der diesen komischen Text über Spendengeschenke geschrieben hat.

Wer
liebt,
muss
streiten

I ch streite gerne. Zum Beispiel darüber, ob man einen zwanzig Jahre alten Hometrainer noch bei eBay verkloppen kann oder ob man ihn besser beim nächsten Sperrmüll an die Straße stellt. Streiten heißt dabei nicht Verbalinjurien austauschen, einander wechselseitig für „total bescheuert" erklären, Vorwürfe absondern und rumbrüllen. Am allerwenigsten verstehe ich darunter den Einsatz körperlicher Gewalt. Und jetzt, das wissen meine Freunde und Gegner, kommt wieder eines meiner Luther-Lieblingszitate: „Die Geister lasset aufeinanderprallen, die Fäuste haltet stille!" Genau! Zivilisierter Streit heißt aushalten, dass mein Gegenüber Dinge anders sieht, Vor- und Nachteile eines Tuns anders abwägt, als ich selbst es tue. Streiten ist für mich die Essenz von Gemeinschaft oder, wie es Ludwig Börne, der streitbare Genius, sagt: „Zank ist der Rauch der Liebe."

Jeder streitet. Manche tun es nur mit sich selbst. Sie grübeln: Soll ich oder soll ich nicht oder vielleicht doch? Das ist ehrenwert. „Zwei Seelen wohnen, ach, in meiner Brust", lässt Goethe seinen Faust jammern. Ich streite lieber mit anderen als mit mir selbst. Und ich freue mich, dass in deutschen Schulen endlich Fuß fasst, was ich vor vielen Jahren an den US-Colleges so großartig fand: dass Schülerinnen und Schüler nicht nur Referate halten, auswendig dahersagen und erklären lernen, sondern auch debattieren, die Rhetorik des Streitens.

Wahr ist allerdings, dass Dauerstreit fast ebenso schlecht auszuhalten ist wie immerwährende Harmonie. Aber beides ist unter Liebenden, unter Freunden und guten Kollegen nahezu gleich unwahrscheinlich. Noch mal zum Thema Hometrainer: Die eine findet den Zeitaufwand, wegen eines technisch längst überholten Gerätes stundenlang durchs Netz zu surfen, das Teil zu verpacken und zu verschicken, unangemessen hoch, gemessen am zu erwartenden Geld. Der andere denkt, ob ich Sonntagnachmittag mein Hometrainer-Angebot online platziere und dann hin und wieder schaue, was sich tut, ist auch nicht schlimmer, als wenn ich in dieser Zeit vor dem Fernseher hänge. „Das ist wieder typisch für ihn", höre ich sie sagen. Und er: „Sie kommt aus einer Familie, in der das Wegwerfen immer die bevorzugte Methode war." Sie: „Dafür war es bei uns auch ordentlicher als in eurem Museum der vergammelten Teetassen und uralten Transistorradios. Wenn ich nur an Omas schrappigen Plattenspieler denke!" Stichwort für den bisher lauschenden fünfjährigen Sohn: „Mama, was ist ein Plattenspieler?" Er: „Das könnte ich dir zeigen, mein Junge, wenn deine Mutter den von Oma nicht weggeworfen hätte. Nebenbei: Habe neulich im Netz gesehen, dass die alten Saba-Geräte, wie Omas eines war, inzwischen für viel Geld als Sammlerstücke gehandelt werden." Dem fragenden

Blick des Kleinen begegnet sie: „Tja, der Preis steigt deshalb, weil so viele Leute wie ich agieren. Würden es alle wie Papa machen, das Zeug stünde überall rum, und wir bräuchten ein zusätzliches Zimmer als Müllzimmer. Mit dem, was wir dafür Miete zahlen müssten, könnten wir dir viel weniger neue Spielsachen kaufen."

Mama, was ist eigentlich ein Plattenspieler?

Ein schöner, intelligenter Streit, aus dem der Bub eine Menge lernen kann. Zum Beispiel, dass es zu einer Wahrheit immer mehrere Zugänge gibt und was Dialektik bedeutet. Das Kind wird irgendwann begreifen, dass zwischen der Wahrheit und ihrer Umsetzung in die Wirklichkeit des Lebens eine Klärung erfolgt, an deren Ende ein gemeinsamer Entschluss stehen kann oder die Haltung, in einem Fall A das Handeln zu überlassen, im anderen B. Immer mit der Möglichkeit, daraus zu lernen. Er: „Das habe ich dir vorher schon gesagt, dass es so kommt." Sie: „Aber neulich, als du deinen Kopf durchgesetzt hast, ist noch viel mehr schiefgegangen." Und beide haben, relativ gesehen, recht.

Auch in der Geschichte der Kirche, wo es um die Umsetzung der göttlichen Wahrheit geht, gibt's immer wieder Zoff. Man muss nur mal in den Galaterbrief des Paulus schauen, in dem er sich heftigst mit Petrus und Jakobus darüber streitet, ob man auch ohne jüdische Beschneidung Christ werden könne. Paulus meinte: Natürlich! Also: Streiten Sie gut und bleiben sie dabei versöhnlich. In aller Freundschaft!

Die Kunst
der Wahrnehmung und
des
Verstehens

Ich nehme wahr, dass es dir nicht gut geht", sagt Lore, eine gute Bekannte, zu mir, als wir aus dem Kino gehen. Ich mag sie genau deshalb, weil sie solche Sätze formuliert – behutsam, unaufdringlich und doch zugewandt: Ich nehme wahr… Das heißt auch: Ich kann mich irren, aber du hörst, dass du mir nicht unwichtig bist. Ich schau dich an. Und ich sage dir, was ich sehe. Darin wiederum steckt die Aufforderung: Erzähle mir von dir, sage mir, wie es dir geht. Ich antwortete Lore: Nein, mir gehe es gut, ich sei nur etwas müde, weil ich mit der Fastenaktion „7 Wochen Ohne" so viel unterwegs gewesen sei. „Schön", sagte sie und atmete hörbar auf, „das freut mich sehr. Aber du siehst wirklich müde aus, gönne dir etwas, ruhe dich aus."

Nun muss ich verraten, dass die Hermeneutik – die Philosophie der Wahrnehmung – für mich eine der wesentlichen Errungenschaften der Neuzeit ist. Ihren maßgeblichen Begründer Hans-Georg Gadamer habe ich leider nie kennengelernt, obwohl ich mehrfach nahe an ihm dran war. Er starb im März 2002 im gesegneten Alter von 102 Jahren. Ich besuchte damals oft Menschen in seiner unmittelbaren

Nachbarschaft in Heidelberg-Ziegelhausen und hoffte, ihn wenigstens einmal persönlich zu erleben. Leider hat es sich nie ergeben.

Die Wahrheit, sagt Gadamer, ist eine Sache der Erfahrung und des Gesprächs. In der Auseinandersetzung mit Menschen, mit Theorien und Kunstwerken überprüfe ich, was meine Wahrnehmung wert ist. Dazu muss ich sie äußern, mitteilen, aber eben nicht als abgeschlossenes Urteil, sondern als meine Einschätzung.

Die Kombination aus Mitteilungsfreude und erkennbarer Relativierung meines Urteils finde ich auch im Umgang mit Dingen wie dem „Heiligen" in einer religiös vielfältigen Gesellschaft von größter Wichtigkeit. Bei dem Theologen Ingolf Dalferth habe ich zum Beispiel den wunderbaren Gedanken gelesen: Nicht der Ort ist heilig, unsere Wahrnehmung heiligt ihn. Oder etwas schlichter: Was für die eine ein Schafstall ist, erweist sich für ihren Nachbarn als Heiligtum.

Diese hermeneutische Theologie ist im Übrigen eine Grundlage für eines der besten Lernergebnisse der Christen in der Tradition der Reformation. Die gerade 40 Jahre alte Vereinbarung unterschiedlichster Kirchen und Gemeinschaften trägt den Namen „Leuenberger Konkordie" und ermöglicht Menschen, gemeinsam Abendmahl zu feiern, die damit durchaus unterschiedliche Wahrnehmungen verbinden. Für die einen heißt Abendmahl die Erinnerung an Jesu letztes gemeinsames Essen mit seinen Freunden, bei dem er sagte: Wenn ihr Brot und Wein zu euch nehmt, bin ich in Speis und Trank symbolisch bei euch. Für die anderen ist Jesus Christus tatsächlich in Brot und Wein mit Leib und Blut existent, für Dritte ist er substanziell

gegenwärtig in der gemeinsamen Handlung, im Nach-
sprechen von Jesu Worten.

Viereinhalb Jahrhunderte trennten reformierte und
lutherische Christen ihr Verständnis des Abendmahls
und machten Gemeinsamkeit am Tisch unmöglich. Die
Leuenberger Konkordie ist ein Zeichen dafür, wie viel Un-
terschied aber echte Gemeinschaft aushält. Gemeinschaft
zum Beispiel in der Einsicht der Vorläufigkeit menschlicher Wahrnehmung angesichts der alles menschliche
Maß übersteigenden Wahrheit Gottes.

Menschliche Erkenntnis angesichts Gottes
bleibt vorläufig

„Ich nehme wahr…" heißt: Ich versuche zu verstehen und
bin bereit, aus dem Verständnis des anderen – eines Kunst-
werks, einer religiösen Handlung, eines anderen Menschen
– auch mich selbst neu verstehen zu lernen. Indem ich
beschreibe, was ich wahrnehme, gebe ich auch Auskunft
über mich und darüber, wer und wo ich gerade mit Geist
und Seele bin.

Nun gibt es Momente, in denen die Vorsicht des „Ich nehme wahr" unfreiwillig komisch wird, zum Beispiel wenn es
um eigene Gefühle geht. Ich nehme wahr, dass ich mich
über deine Worte geärgert habe. Ich nehme wahr, dass ich
positive Gefühle für dich empfinde – das ist Schwurbel,
wie Eckhard Henscheid sagt. Das heißt: Ich habe mich geärgert, aber ich liebe dich. Nehme ich wahr, dass Sie mich
trotzdem verstanden haben? Das würde mich wirklich
freuen.

Ich bin kein

Kelte,

aber wie die im Biergarten erzählt haben!

Endlich wieder Gartenzeit. Draußen sitzen, nur im Hemd, ein Bierchen, ein Weinchen, ein Tässchen. Und plaudern, ratschen, quatschen, erzählen. Zeit haben miteinander – und füreinander. Kann man auch drinnen machen, klar. Ganz klar. Geht auch. Mhmmmm. Aber draußen ist anders.

Biergärten mit den langen Tischen zum Beispiel haben den großen Vorteil, dass Menschen voll der unterschiedlichsten Geschichten nebeneinander und weitgehend offen aus ihren Leben berichten. Wortfetzen, Gedankentorsi, Mottos und Erklärungen.

„Ich bin ja ein ganz spiritueller Mensch. Und seit ich Asketin bin, habe ich eine ganz andere Beziehung zu meinem Stoffwechsel." Aha. „Ich kann sagen, dass ich echt Humor habe. Aber bei den blöden Witzen von dem Kurt, da hört für mich der Spaß auf. Ganz im Ernst." Ja, durchaus.

„Ich bin ein ausgesprochener Individualist. Das sagen mir alle im Chor. Obwohl ich derjenige bin, der noch nie ein Solo singen durfte." Das geht in die Tiefe menschlicher

Existenz. „Ja", antwortet das Gegenüber, „so geht's mir im Fußball. Die Mannschaft ist das Individuum!" Wenn das der Seppl Herberger hören würde. Droben auf seiner ballrunden Wolke würde er breit grinsend nicken. Verdanken wir ihm doch die schönsten Weisheiten wie „Flach spielen und hoch gewinnen" oder „Der nächste Gegner ist immer der schwerste" oder „Nach dem Spiel ist vor dem Spiel".

Aufgefallen ist mir die häufige Verwendung einer rhetorischen Einleitungsformel bei besonders wichtigen Meinungsäußerungen: „Ich bin kein…, aber…!" Ich bin kein Grüner, aber mit der Atomkraft muss jetzt Schluss sein. Ich bin kein Schwuler, aber wenn zwei Männer einander lieben, was ist schlimm dran? Ich bin nicht katholisch, aber der neue Papst gefällt mir. Ich bin kein Türke, aber Galatasaray hätte ich nach dem Sieg gegen Schalke auch einen gegen Real gegönnt.

Lassen Sie sich mit der Rechnung Zeit. Wir bleiben noch

„Ich bin kein…" – diese Eröffnung gibt dem folgenden Kommentar das Gewicht der fundierten und wahrhaft von eigenen Interessen oder Zugehörigkeit freien, ja wirklich unabhängigen Haltung. Ich bin aus Erkenntnis als freier Mensch zu meiner Auffassung gelangt und nicht, weil ich eigene Interessen im Zentrum meiner Wahrnehmung habe. So! Das musste doch mal, ich meine, ich bin kein…, aber das! So geht's doch nicht!

Die Kellnerin naht. „Noch ein Gläschen Wein, ein Bier?" Also, ich bin kein Alkoholiker, aber so fröhlich, wie wir hier sitzen, gönnen wir uns noch einen! Oder nicht? Oder: Ich will kein Spielverderber sein, aber ich meine, wir sollten jetzt Schluss machen und zahlen. Na gut, die Rechnung bitte.

Das Menschsein ist ein Spannungsverhältnis zwischen dem „So isses" und dem „Es könnte auch ganz anders sein". Und wenn Leute frei und friedlich von sich erzählen, dann beschreiben sie nicht nur im Biergarten diese reizende, immer wieder aufs Neue kitzelnde Diskrepanz zwischen Wirklichkeit und Möglichkeit.

Während wir auf die Rechnung warten, wird mir bewusst, dass die Grundmelodie der Plauderei seit Menschengedenken die grundlegende Konstante unseres Daseins ist. Rentierjäger, Kelten, Ägypter, Chinesen, Griechen, Römer oder Germanen saßen des Abends um ihre Lagerfeuer oder vor den Kaminen und erzählten mit einem ähnlichen Blick auf das Leben, wie wir es tun, wie es in den TV-Talkrunden geschieht. „Ich bin kein Römer, aber diese Legionärsklamotten sind tausendmal praktischer als unsere Rüstungen." – „Ich bin kein Kelte, aber kämpfen und saufen können die Kerle wie sonst niemand." – „Ich bin kein Germane, aber haste mal gesehen wie die reiten? Wie die schon auf dem Gaul sitzen – unglaublich!"

Und daraus entstanden die Mythen: „Vor Jahren, da droben, wo sonst keiner von uns hinkommt, da ist mir mal einer begegnet, der war ein Zauberer. Ehrlich. Merlin hieß der. Der konnte Geschichten erzählen! Ich bin ja keiner, der mit irgendwelchen wilden Stories zu beeindrucken ist. Aber was der so erzählt hat… Legt noch ein paar Scheite nach, dann versuche ich, euch seine beste Geschichte zu erzählen." Lassen Sie sich mit der Rechnung Zeit! Wir bleiben noch ein Stündchen.

Wer bestimmt hier,
wer welche
Klamotten
anziehen darf?

Und, wie war der Urlaub? „Schön", seufzt Simone, „dafür, dass das wohl der letzte gemeinsame mit Timmy war." Timmy, der Sohn, wird 18, macht Abi, macht Führerschein und ist der ganze Stolz von Simone und Harry – meistens. Aber nicht an jedem Tag dieses Urlaubs in der Normandie. Tag des größten Ärgers: „Da sind wir nach Bayeux gefahren. Der Teppich. Du weißt schon." Ja, der fast 1000 Jahre alte Teppich, der die Eroberung Englands durch den Normannen William zeigt. „Und da kommt Timmy zum Frühstück in einem scheußlichen schwarzen Unterhemd, ärmellos – so ein Netzhemd halt. Ich sage nur: aber so willst du nicht ins Museum und in die Kathedrale! Und er: doch, natürlich!"

Simone war entsetzt. „Nee, das machst du nicht. So geht man nicht in die Stadt und schon gar nicht in eine Kirche!" Aber Timmy ist der kluge Sohn ebensolcher Eltern. Aus den Augenwinkeln sieht er den Bildband auf dem Kaffeetisch, „Der Teppich von Bayeux". Er blättert ein Bild auf, das den Eroberer und seine Leute zeigt, in roten Strumpfhosen, orangefarbigen Umhängen, grünen Blousons. So fragt er seine Mutter „Hättest du etwas dagegen, wenn ich in solchen Kleidern mitkäme?"

Du entscheidest, wie du dich anziehst und nicht der sogenannte Komment! Ich kann Timmy sehr gut verstehen. Alle reden über Genderfragen. Frauen dürfen schwarze Hosen und graue Anzüge tragen oder – zumal im Sommer – ärmellose Kleider, Röcke mit nackten Beinen und hochhackige Stilettos. Dürfen anziehen, was sie wollen. Und Männer? Wenn ich mit der S-Bahn morgens Richtung Frankfurt-Hauptwache fahre, bin ich umgeben von Kerlen in Banker-Uniform, in dunklen Anzügen mit Schlips. Würde da einer auftauchen in dem Kleid seiner Sitznachbarin, mit der Perücke eines barocken Herrschers oder wenigstens in den Klamotten des Normannen William, er würde Anlass zum Gespött, zum Geraune werden. Schau dir den an!

Wer entscheidet, was wer anzieht? Wer bestimmt den Komment? Eine imaginäre, göttliche Instanz, ein unsichtbarer Herrscher, die Mehrheit? Als ich in Timmys Alter war, proklamierte Mao einen einheitlichen grünen Arbeitsanzug als die richtige Kleidung für alle Chinesen. Und wir stritten mit Onkels und Tanten über die Frage, ob Männerhaare über den Hemdkragen hinauswachsen dürften. Ich muss Timmy einmal erzählen, wie ich in seinem Alter im dunkelblauen Nadelstreifenanzug ins Szene-Pub ging und im obligaten, mit „Make love, not war" beschrifteten Armyparka plus Led-Zeppelin-T-Shirt, bemalten Jeans und Wildlederboots in die Bar des Fünfsternehotels. Ich wollte rausfinden, wer in Sachen Kleiderordnung weniger tolerant sei. Im Pub raunzte mich die wilde Schwester von Jimi Hendrix an: „So spießige Pinkel bedienen wir hier nicht." Der Barmann im Luxushotel wollte bei meinem ersten Drink Vorkasse sehen. Als ich gezahlt hatte, war alles gut. Und wenig später fragte er mich: „Darf es noch was sein, mein Herr?"

Timmy will mal Wirtschaftsanwalt werden, gerne im Jackett

Wie geht man in die Kirche? Welche Kleider machen welche Leute? Ob Timmy den Wenzel Strapinski kennt? Wir wissen natürlich, wer das ist: Der arme Schneidergeselle aus Gottfried Kellers Novelle, in der die Liebe alle Klassenschranken und mit ihr verbundenen Kleiderordnungen sprengt. „Ja, jaaa!", stöhnt Simone, „das erzählst du ihm mal alles. Du bist wie Harry. Bei euch älteren Herren kommt wieder die Born-to-be-wild-Nostalgie hoch. Mir geht es um was anderes." Das Auftreten der Deutschen! „Wir Deutsche im Ausland benehmen uns rücksichtslos gegenüber den Bräuchen, die dort herrschen. Und das geht nicht, ob in der Normandie oder in einer orientalischen Stadt. Netzhemd am Strand: ja. In einer kultivierten Innenstadt: nein!" Und Simone würde in einem muslimisch geprägten Teil von Paris Kopftuch tragen? „In Paris nicht, aber in einer arabischen Stadt schon." Mhmm. Spannendes Thema.

Und was macht Timmy nach dem Abitur? Er will Jura studieren und Wirtschaftsanwalt werden. Er hat in Frankfurt so ein tolles Praktikum in einer Bank absolviert. Und in welchen Klamotten ist er dort aufgetaucht? Simone lächelt: „Natürlich hatte er sich ein schickes dunkelblaues Jackett besorgt."

Die
Sehnsucht
nach Monica
und Kirchenbänke unter
Denkmalschutz

Monica? Hallo! Wo bist du? Das rief meine Seele gerade mal wieder, als mir der Redaktionsserver mitteilte, dass ich nicht auf ihn zugreifen könne, um diese Notizen zu produzieren. Monica, so hieß meine süße kleine Reiseschreibmaschine, auf der ich vor gefühlt mehreren hundert Jahren meine Artikel tippte. Monica! Wehmut beschleicht mich. Überall nahm ich sie mit hin. Immer funktionierte sie. Gut, gut – hin und wieder musste man mal das Farbband wechseln und mit einem zahnstocherartigen Werkzeug sowie einer kleinen Drahtbürste die Typen reinigen. Typen! Die Jugend meint bei diesem Ausdruck Kerle, menschliche Wesen… da lacht die Koralle, wie man anno dunnemals sagte.

Monica! Warum hat man dich nicht unter Denkmalschutz gestellt? Warum muss ich mit dieser völlig wertneutralen IT-Weich- und Hartware arbeiten? Sehnsucht nach der guten alten Zeit.

Und dann muss ich an das seltsame Gespräch denken, das ich mit meinem Nachbarn, einem jungen Pfarrer, kurz nach Dreikönig geführt hatte. Der humorvolle und lebhafte Lars, Anfang dreißig, hatte gerade eine neue Pfarrstelle angetreten und erste Weihnachtsgottesdienste gehalten.

„Tja, und nach den Feiertagen bin ich zu meinem Kirchenvorstand und habe gefragt, ob wir diese schrecklichen alten Kirchenbänke nicht ausbauen und durch bequeme Stühle oder Sessel ersetzen können." Die Bänke sind schmal, haben eine hohe, steife Rückenlehne im 90-Grad-Winkel zur Sitzfläche. Sie stehen eng gestaffelt. Lars schätzt, „dass Leute über ein Meter achtzig keine Kniefreiheit mehr haben". Rein kommt man in die Reihen nur vom Mittelgang. Auf der anderen Seite sind sie an die Wände geschraubt, kein Durchgang. „Gottesdienst in der Sackgasse", knurrt der Jungpfarrer, „und die alten Leutchen kommen früh, besetzen die Plätze am Gang, lassen nur ungern Leute rein. Und noch mal aufstehen wollen sie schon gar nicht." Alles klar, antworte ich ihm, das Zeug muss raus, wenn man schöne und angenehme Atmosphäre will.

„Das", seufzt er, „habe ich auch gedacht. Mein Kirchenvorstand aber sieht das ganz anders. Denkmalschutz! Unsere schöne Kleinstadtkirche aus dem 18. Jahrhundert darf nicht kaputt gemacht werden! Die Leute sollen sich mal nicht so anstellen! Und wenn das jemanden stört, soll er halt wegbleiben!" Außerdem seien nur Männer länger als 1,80. Die kämen sowieso sehr selten.

Lars, Theologe, konnte das natürlich so nicht hinnehmen. Das Gotteshaus sei doch für die Brüder und Schwestern „das Haus ihres Vaters", in dem sie sich wohlfühlen sollten. Und er frage die Kirchenvorsteher, ob sie denn zu Hause auch Weihnachten oder Geburtstag auf denkmalgeschützten

Möbeln feiern würden, wenn diese unbequem seien. Nee, natürlich nicht. Aber das sei privat und nicht Kirche! Auch sein Hinweis auf Jesu Aussage, nicht die Menschen seien für den Sabbat da, sondern der Sabbat für die Menschen, also müsse man es den herbeigeeilten Gläubigen sonntags so angenehm wie möglich machen, fruchtete nicht, sondern wurde mit der guten alten Spruchweisheit beantwortet: Das sei schon immer so, das sei noch nie anders gewesen, und noch mal: Wem das nicht passe, der solle halt woandershin.

Wem das nicht bequem genug ist, soll halt woandershin!

Schwierige Situation für Lars. Er dachte nach und beschloss, die Gottesdienste fürderhin im Gemeindehaus zu feiern, mit anschließendem Kirchencafé an nett dekorierten Tischchen auf bequemen Stühlen. Reaktion der Vorsteher: Auf keinen Fall! Hatten wir schon. Da bleiben die Leute dann bis Mittag sitzen und quatschen. Wollen wir nicht. Alles hat seine Zeit! Lars, das ist eine Herausforderung!

Ich habe überlegt, ob ich zu Ostern meinen Kollegen ein paar alte Reiseschreibmaschinen auf die Tische stelle und sage: Damit arbeiten wir jetzt. Und wenn sie protestieren, weil sie damit nicht ins Netz können, keine Texte speichern, nicht direkt in Layouts schreiben, sondern umständlich transformieren und kürzen müssen? Dann werde ich die Weisheit des Kirchenvorstandes aus Lars' Gemeinde zitieren. Denkmalschutz hat Vorrang! Prösterchen, Monica!

Ach, der Server ist wieder da! Text passt. Schön. Gute Technik, sehr bequem!

Wer sein eigenes *Leben* erobern soll, braucht Gegner

M an kann nicht jung genug anfangen, wenn man sein eigenes Leben erobern will!" Das hat Hermann Hesse schön formuliert. Aber was tut man, wenn man es erobert hat, dieses Leben? Druckt man sich eine Visitenkarte mit der Unterzeile „Lebensbesitzer"?

Und was ist eigentlich das Eigene am Leben? Ich frage nicht biologisch. Ich frage biografisch. Es geht mir nicht um organische Existenz, sondern um Bewusstsein. Mit wem streite ich mich, wenn außer mir keiner da ist? Mit dem anderen in mir? Freud! Freud!

Früher hat man, zumindest in meiner süddeutschen Heimat, fremde Kinder gefragt: „Wem gehörst du denn?" Heute heißt das: „Wer sind deine Eltern?" Der Heidelberger Katechismus markierte die Freiheit vor 450 Jahren in der Aussage, kein Mensch gehöre einem Menschen – weder einem anderen noch sich selbst. Sondern: Der Mensch gehört „mit Leib und Seele im Leben und im Sterben" alleine dem Heiland Jesus Christus. Gut.

Für Leute wie Abraham Lincoln war dieser Satz ein zentrales Argument gegen Leibeigenschaft und Sklaverei. Für Hermann Hesse, den Abkömmling einer evangelischen Missionarsfamilie, war die Sentenz indes die Rechtfertigung von Fremdbestimmung durch Eltern, die behaupteten, sie wüssten besser als er, was des Heilands Hermann aus sich zu machen habe. Oder wie er im Sinne des Eigentümers mit seinen Pfunden wuchern müsse.

In Herz und Kopf des aufbegehrenden Poeten heißt Selbstsein zunächst mal: Ich bin anders, als ihr mich haben wollt! Da pflegen Eltern – auch heute noch – höchst sarkastisch zurückzufragen: „Und wie bist du?" Worauf sie hoffentlich zu hören bekommen: „Das werden wir noch sehen!"

Wen solche Lehren
nicht erfreu'n...

Leben ist Bewegung, Veränderung, Austausch, Wechsel, Erinnerung und Vergessen. Vor dem Hintergrund der wahnhaften Idee, sich ständig verbessern zu müssen, nie gut genug zu sein, würde Hesse heute vermutlich sagen: Wer ich bin oder gerne wäre, bestimmt kein Lehrer, Markt, kein Arbeitgeber. Ich bin nicht eine Ansammlung von Defiziten, die es auszugleichen gilt. Mit dieser Erkenntnis kann man tatsächlich nicht jung genug beginnen.

Mich hat die Nervensäge Hermann Hesse wie viele andere darin ermutigt, aus dem Trott des „Das macht man so und nicht anders!" auszusteigen. Komisch ist es nur, wenn die Renitenten von vorgestern die Fremdbestimmer von heute sind. Väter und Mütter, die nicht mehr befehlen, sondern „eindringlich raten", es mit dem Eigensinn nicht zu übertreiben. Da kann man sich ganz blöd vorkommen, wenn man in den Spiegel schaut.

Doch schon kommt die Entwarnung lächelnd um die Ecke. Wie soll denn jemand sein eigenes Leben erobern, fragt sie weise, wenn es niemanden gibt, der einen dazu herausfordert. Das Spiel des Lebens verlangt den Gegenpart, von dem man sich distanzieren, dessen Ratschläge man verwerfen, dessen Weisheit man glatt verneinen kann. Entwicklung braucht Frust. Und für den Frust müssen jene sorgen, die ihn bereits erlebt haben und guten Gewissens erklären, wie man ihn vermeiden könne. Eine skurrile Dialektik.

„Wen solche Lehren nicht erfreu'n", verkündet der Priester Sarastro in Mozarts Zauberflöte, „verdienet nicht ein Mensch zu sein." Auch wenn Sarastros Lehre, der Verzicht auf Rache, eine höchst friedfertige ist, fordert sein Auftritt lauten Protest. „Verdienet nicht ein Mensch zu sein!" – ein übler, selbstgerechter, zeigefingernder Spruch. Unter Kanzeln von Predigern dieses Typs mag kein Eroberer des eigenen Lebens sitzen.

Mir ist auch im fortschreitenden Alter der Vogelfänger Papageno der sympathischere Lebenskundler in dieser Oper. Ein wahrhafter Freund des Augenblicks. Er will nicht erlöst werden, weil er immer nach dem Wahren strebt. Er will nicht in ferner Zukunft reichen Lohn für ein tugendhaftes Leben. Er will Spaß, essen, trinken, schäkern. Und das will er gleich, jetzt, sofort! Das eigene Leben erobern! Hören statt gehören, horchen statt gehorchen, vor allem aber laut und fröhlich singen. Auf geht's!

Halte still
und sei mein

Gast

– raus aus der Küche!

Neulich waren wir bei Olga zum Kaffeetrinken eingeladen. Ein schöner Sonntagnachmittag. Ein wenig auf der Terrasse sitzen, plaudern und den Kuchen loben. Selbst gebacken! Respekt. Olga ist nicht mehr die Allerjüngste, sieht schlecht, hat Probleme mit Arthrose. Aber was eine erfahrene Gastgeberin ist, lässt sich davon nicht beeindrucken. Also: hoch die Tassen!

Weil wir einander vertraut sind, kennen wir uns in Olgas Wohnung ganz gut aus. „Wollt ihr noch einen Kaffee?" Klar. Ich stehe auf und mache mich auf den Weg zur Küche. Die Kaffeemaschine links auf dem Küchenregal, die Dose mit dem Pulver, die Filter daneben – weiß ich doch!

Gerade will ich den Filter in die… „Halt!", raunt Olga neben mir und nimmt mir die Packung aus der Hand. „Ihr seid Gäste. Lass das mal mich machen!" Gäste. Helfen strengstens verboten! So hat sie das gelernt. Schlecht sehen und gehen hin oder her: Gäste haben sich bedienen zu lassen. Und schon gar nicht haben sie die Küche zu betreten!

Wir fügen uns, nachdem wir ein paarmal erfolglos beteuert haben, dass wir es doch nur gut meinen. „Wenn ich überhaupt nichts mehr tue, bin ich bald tot. Außerdem wisst ihr doch gar nicht, was wo hingehört!"

Gestern kam mich mein alter Kumpel Sven besuchen. Er lebt in London. Und wenn er zu seinen Eltern nach Süddeutschland fährt, haben wir ihn beim letzten Zusammentreffen dringend ermahnt, soll er bei uns Station machen. Nun also war er da.

Ein Tässchen Kaffee auf dem Balkon, dann ein kleines Abendessen und ein paar Gläschen Wein. Ich hatte mir ein leichtes und schnelles Rezept ausgesucht. Dauert nur ein paar Minuten, sagte ich zu meinem Gast. Ich hatte ihm ein paar chrismon-Hefte, ein, zwei Bücher und anderen Lesestoff auf den Balkontisch gelegt. „Danke", sagte mein Gast und folgte mir in die Küche.

Ohne mich zu fragen, begann er die Spülmaschine auszuräumen. Schon beim ersten Teller war klar, dass ich das nicht wollte. Die Teller gehörten in das andere Regal! Und die Wassergläser bitte nicht zwischen die Weingläser! Achselzuckend ließ Sven den Räumdienst sein. Dann nahm er eine Flasche Wein aus dem Kühlschrank und suchte einen Korkenzieher. Ich deutete an, dass ich einen anderen Tropfen zum Essen ausgewählt hatte. Was ihn nicht besonders interessierte. „Auf den hier bin ich aber neugierig!" Und dann begann er, Brot aufzuschneiden. Nein! Nicht das Vollkornbrot! Das Baguette! Und nicht so dünne Scheiben! Schrecklich! Hilfsbereite Gäste sind furchtbar!

Wir haben dann doch noch ganz friedlich gespeist. Und ich durfte nach „herrrrrzlicher! Bitte!" alleine den Tisch ab- und die Spülmaschine einräumen. Sven zuckte nur ratlos mit den Schultern und murmelte: „Wenn du das brauchst..."

My home is my castle – mein Zuhause meine Burg? Wenn ich in mich gehe, glaube ich nicht, dass das mein Problem ist. Es geht nicht um Hausherrschaft. Das Thema ist der Dienst. In dem Wort steckt „dienen". Indem man seine Gäste bedient, tut man ihnen Gutes, schenkt man ihnen Aufmerksamkeit, ja erweist ihnen Ehre. Und das bedeutet, dass die anderen mich als Gastgeber würdigen und anerkennen, indem sie sich von mir bedienen lassen. Wenn sie das Nichts-tun-Müssen sichtbar genießen und dann vielleicht auch noch richtig deutlich ihren Dank an die Gast-Geber adressieren, ist es den Gebenden das schönste Geschenk.

Ein Stück ist langweilig, wenn die Rollen nicht mehr verteilt sind...

Es ist eine Frage des Umgangs mit Rollen. Wie im Theater. Gast und Gastgeber spielen ein Stück. Wenn alle das Gleiche tun, dieselbe Rolle spielen, verliert das Stück, ob Komödie oder Tragödie, seinen Charakter.

Im Falle von Olga kommt hinzu, dass sie ihre körperlichen Beeinträchtigungen wahrscheinlich als ärgerlichen Mangel erlebt, als Schwäche, als Kompetenzverlust. Wenn sie als Gastgeberin bedienen darf, macht sie das glücklich, weil sie es als Ausweis empfindet, doch noch nicht so hilfsbedürftig zu sein, wie sie fürchtet. Als Sven sich – überschwänglich dankend für den Tag bei uns – verabschiedet hatte, rief ich Olga an. Sie lud uns für nächsten Sonntag ein. Ich werde Gast sein und Ruhe halten.

Über Fremdheit,
Sicherheit
und das Wagnis
des

Widerspruch
nervt – und
ist die schönste Form des
menschlichen Respekts

I ch bin anstrengend. Das weiß ich schon lange. Bereits als Fünfjähriger habe ich offenbar die allen Kindern eigene Neugier in besonders ausgeprägter Form praktiziert. Davon konnte mich auch das vorzugsweise von meinen Onkeln übellaunig hingerotzte „…ist die Banana krumm!" auf meine sechzehnte „Warum?"-Frage nicht abhalten; ich ließ die siebzehnte folgen: „…und warum ist sie krumm? Was meinst du?"

Alle Versuche, mein Informationsbedürfnis zu unterdrücken, erreichten das Gegenteil. Frag nicht, es ist, wie es ist, das musst du akzeptieren – solche, wie ich heute weiß, Signale der Hilflosigkeit von Lehrern und anderen Erwachsenen förderten mein Misstrauen, meine Begabung im Bezweifeln und meinen Widerstandsgeist. Wie im Kalten Krieg befeuerte dies wiederum die erzieherische Gegenseite in ihrer Mission, mich zu einem Untertanen zu machen, der die Aussagen und Maßnahmen der Obrigkeit als gegeben hinnimmt. Der Gipfelpunkt war erreicht, als mein Religionslehrer wutschäumend und mit ausgestrecktem Zeigefinger auf mich losging: „Du bist der Geist, der stets verneint!" Ich antwortete: „Ja!" Und er krächzte irgendwo zwischen Schreien und Stöhnen: „Raus!" Ich kam dieser Aufforderung nach, in einer seltsamen Gefühlsmelange aus Ratlosigkeit und Triumph.

In meiner Erinnerung war das der Augenblick, in dem ich beschloss, Journalist zu werden. Als wenig später, im August 1974, US-Präsident Richard Nixon zurücktreten musste, nachdem die Journalisten Bob Woodward und Carl Bernstein den Watergate-Skandal aufgedeckt hatten, war klar: Es gab eine Hoffnung, eine Lebensaufgabe für Leute, die immer weiterfragen müssen.

Als ich neulich mit einem meiner besten Freunde in eine Diskussion über Energiepolitik geriet und er mir zum Beweis seiner Aussagen diverse Studien präsentierte und ich dennoch widersprach, rief er: „Brummer, wann akzeptierst du eigentlich mal, wenn ich dir sage: Das ist so! Ich fühle mich von dir nicht ernst genommen." Das stimmte mich traurig, und einmal mehr fühlte ich mich falsch verstanden.

Die Welt als Selbsthilfegruppe der Anstrengenden

„Gibt es ein deutlicheres Zeichen von Achtung und Anerkennung als eine streitige Diskussion? Indem ich widerspreche, nehme ich dich ernst." Er lachte schrill: „Diese Erkenntnis hast du exklusiv!" Wäre wirklich schade, wenn er recht hätte. Ich glaube es nicht. Mindestens Martin Luther habe ich auf meiner Seite. Seine Fürstenfreunde hatten ihm angeboten, Thomas Müntzer, den wesentlich radikaleren Reformator, mit den Mitteln ihrer Macht auszuschalten oder zumindest einzusperren, nachdem Müntzer Luther öffentlich als „sanftlebendes Fleisch zu Wittenberg", als Kompromissler und Hasenfuß verhöhnt hatte. Luther lehnte das ab. Er brauche keine gewalttätige Hilfe. Nicht die Fäuste, fügte er hinzu, „die Geister lasset aufeinanderprallen".

Gewalt entwürdigt. Das „Machtwort" ist Gewalt. Aber nicht viel besser ist die Aussage: Mit einem wie dir streit' ich doch nicht! Oder: Ja, ja – du hast ja recht. Wenn das nur gesagt wird, um sich der Mühe der Auseinandersetzung zu entziehen, kann kaum etwas tiefer abwertend wirken. Falls man nicht überzeugt ist von dem, was man gehört hat, bleibt nur, dies mitzuteilen, nachzufragen, zu widersprechen – oder bewusst nachzugeben, auch wenn man dadurch das Prädikat gefährdet, „anstrengend" zu sein. Ziehen sich Debatten fruchtlos hin, kann man wie im Schach Remis anbieten: Du überzeugst mich so wenig wie ich dich, drum machen wir es so, wie du vorschlägst. Großmut ist etwas anderes als Kleinbeigeben.

Das ändert nichts an der schlichten Notwendigkeit von offenen Debatten auf der Suche nach Erkenntnis in einer komplexen Welt. Ohne Zweifel kein Fortschritt. Man sollte einander deshalb danken für geäußerten Widerspruch, für die abweichende Meinung, und seien sie nur dazu da, einen zur bestmöglichen Argumentation für den eigenen Standpunkt zu zwingen. Ich wünsche mir deshalb, dass die ganze Welt eine Selbsthilfegruppe der „Anstrengenden" und Widersprechenden werde.

Respekt!

Die Talkshows im Fernsehen sind einer uralten Tradition der Unterhaltung verpflichtet

Als die Redaktion der bekannten Talkshow aus dem öffentlich-rechtlichen Fernsehen mich anrief und fragte, ob ich übernächste Woche an der Diskussion über Religion teilnehmen wolle, schmeichelte das meiner Eitelkeit gewaltig. Natürlich tun wir Journalisten aus den gedruckten Medien gerne so, als seien wir über die Verlockungen des unterhaltenden Teils der Zunft erhaben. Aber wenn man uns dann einlädt – nun, dann freuen wir uns doch.

Es ist eine andere Form von Präsenz, wenn man auf der Mattscheibe erscheint. Ich merke das an den Reaktionen der Bäckerin oder der Mutter des Schulfreundes meines Sohnes: „Ich habe dich vorletzte Woche im Fernsehen gesehen. Spannende Sendung." Als Schreiber ist man das nicht gewöhnt, auf seine Elaborate angesprochen zu werden. Es sei denn, jemand aus dem Bekanntenkreis hat sich über diese Kolumne ganz besonders gefreut oder schrecklich geärgert.

Dennoch habe ich versucht, meine Enttäuschung zu verbergen, als mich dieselbe Fernsehredakteurin zwei

Tage später erneut anrief: „Sorry, Herr Brummer, aber wir haben jemanden anderes gecastet." Ich zeigte mich als guter Verlierer, wollte aber doch wissen, warum man mich wieder auslud. Da es eine nette und aufmerksame Kollegin war, erzählte sie es mir. Natürlich unter dem Siegel der Verschwiegenheit (weshalb ich auch Sender und Format hier nicht nenne).

„Also", seufzte sie, „ganz ehrlich: Es ist immer dasselbe Problem mit euch Evangelen. Ihr seid zu vernünftig, zu differenziert. Wir brauchen klare, knappe, deutliche Ja- oder Neinstimmen. Deswegen haben wir jetzt lieber den katholischen Bischof X, Herrn Y von Millî Görüs¸ für die Muslime und die Atheistin Z aus der Linkspartei eingeladen. Ich hätte ja lieber die katholische Ministerin und Sie dabeigehabt." Gut.

Seit dieser Erfahrung habe ich ein Problem weniger als Fernsehzuschauer, der im öffentlich-rechtlichen System zu Hause ist, dort aber fast nur noch in den Spartenkanälen und den dritten Programmen herumzappt. Ich frage mich nicht mehr, nach welchen Kriterien die Teilnehmenden an TV-Debatten ausgewählt werden. Und neige mein Haupt in tiefem Respekt vor der Verpflichtung dieser Formate gegenüber einer uralten Tradition der Unterhaltung in diesem Land. Sie war früher überwiegend auf Jahrmärkten zu finden, später in Kindergärten. Die Rede ist vom Kasperltheater, auch von mir als Kind heiß geliebt.

Im Kasperltheater steht die Rollenverteilung außer Zweifel. Da ist der Kasper und dort das Krokodil. Hier ist gut, am anderen Bühnenrand öffnet das Böse seinen Rachen. Und dazwischen irrt der törichte Seppel herum oder die naive Gretel. Herrlich, wenn Kasper mit der Pritsche dem Krokodil aufs Maul haut. Aber das Krokodil muss zuvor mörderisch aufgetreten sein. Würde Kasper einen braven Hund hauen oder ein Eichhörnchen, könnte sich das Publikum nicht freuen.

Eiern Sie nicht rum, Mann!
Reden Sie Klartext! So einfach ist das

An dieser Stelle muss ich allerdings einräumen, dass die TV-Talks gegenüber dem Kasperltheater immerhin eine bedeutende Verbesserung vorweisen können. Sie schaffen es, die Rollen so zu besetzen, dass dieselben Akteure von verschiedenen Teilen des Publikums kontrovers wahrgenommen werden – des einen Krokodil ist des anderen Kasper, des einen Held des anderen Monster. Aber sage niemand, dabei gehe es um ein echtes Gespräch, während dessen sich bei den Teilnehmern und/oder dem Publikum Einstellungen, Wahrnehmungen und Ansichten verändern. Und behaupte keiner, Ziel sei neue Erkenntnis. Nein. Es geht um Unterhaltung. Da kann Differenzierung ausgesprochen störend sein. Das geht mir bei vielen TV-Debatten durch den Kopf. Wenn ein Diskutant meint, man müsse die Dinge differenziert betrachten und sich mit schnellen Urteilen zurückhalten, dann hat er bereits verloren. Eiern Sie nicht rum, Mann! Klartext, bitte! So einfach ist das!

Von Theben nach

Oslo

ist es gar nicht
so weit

Wir saßen an diesem Sommerabend am Ufer des Rheins. Wir hatten uns 35 Jahre nicht gesehen und kannten einander eigentlich nicht. Was wir voneinander im Gedächtnis behalten hatten – der schlanke, stille Philipp und der kräftige, laute Arnd –, ersparten wir einander. Wir fragten uns vorsichtig heran, an das Leben, das Sein und das Werden des jeweils anderen. Kinder? Werdegänge, Stationen, Interessen? Ganz höflich und gesittet, respektvoll und sachte. Es tat uns beiden wohl.

Wir gingen in dieselbe Schule und mehrere Jahre in dieselbe Klasse. Unsere Freundeskreise überschnitten sich, so dass wir uns mehr als einmal auch auf wilden Feten, familiären Geburtstagsfeiern und rauschenden Festen begegnet waren. Doch so ganz persönlich waren wir uns nie besonders nahegekommen. Vielleicht lag es an unseren Hobbys, unseren Neigungen und Interessen oder an den verschiedenen Mädchen, denen unser jeweiliges Interesse galt. Unsere Gemeinsamkeiten, so stellten wir an diesem lauen Abend fest, lagen dort, wo wir nicht dazugehörten. Wir waren „keine" Motorradfahrer, „keine" Schlagerfans, „keine" Segler.

Die üblichen Fragen nach alten Bekannten: Was macht der Udo, immer noch in München? Und ist Annette echt zum zweiten Mal geschieden? Bei diesen beiden Namen fiel uns ein, dass wir doch etwas gemeinsam hatten. Einzig in Annette waren wir beide – erfolglos – verliebt und mochten deshalb Udo nicht, der mit ihr „ging". Und dann kamen wir drauf, dass das längst nicht alles war, was uns verband: Wir beide hatten gerne Theater gespielt und mindestens einmal zusammen auf der Bühne gestanden. Ich hieb ihm auf die Schulter: „Antigone! Du Haimon, ich Theiresias! Nicht zu fassen!" Und Philipp: „Annette als Antigone, Udo gab den bösen Kreon."

„Nicht mitzuhassen, mitzulieben bin ich da", murmelte Philipp, „kaum ein Satz hat mich so nachhaltig beschäftigt wie der." Er sah mich an und las in meinem Blick: nicht alleine ihm ging's so mit diesem kleinen Antigone-Zitat. Der alte Sophokles. Wir hoben unser Glas.

In unser beider Leben erwies sich die Annäherung an die Tragödie des Mädchens aus Theben im Schultheater als Schlüsselerlebnis. Antigone, die Tochter des Ödipus, bricht das Gesetz, das ihr verbietet, den Bruder Polyneikes zu begraben, der im Kampf gegen die eigene Stadt als Feind gefallen ist. Ihr Onkel, der Herrscher Kreon, lässt sie lebendig begraben. Sie begeht Selbstmord. Darin folgt ihr der Verlobte Haimon, der Sohn des Kreon. Wo Recht zu Unrecht wird, wird Widerstand zur Pflicht. Antigone handelte in unseren Augen genau so, wie es Bertolt Brechts geflügeltes

Wort forderte. Dass auch Brecht sich mit dem Stoff beschäftigt hatte, fanden wir toll. Und dass Annette mit im Spiel war, tat sicherlich ein Übriges. (Udo hätte nicht dabei sein müssen.)

Die Norweger verweigern sich der Logik des Mörders

Mir und auch meinem alten Mitschüler Philipp erscheint die fast ein halbes Jahrtausend vor Jesu Geburt entstandene Tragödie ewig jung – frisch wie die Darstellung von Glaube, Hoffnung und Liebe im Brief des Apostels Paulus an die Korinther. Ich bin mir übrigens ziemlich sicher, dass der griechisch gebildete Paulus das Stück in- und auswendig kannte. Er wird es mehr als nur einmal auf einer Bühne in seiner Heimatstadt Tarsus, in Antiochia, in Korinth oder Damaskus gesehen haben. Und wahrscheinlich hat es auch der Zimmermann Jesus gesehen, vielleicht im Theater der galiläisch-griechischen Stadt Sepphoris, nur acht Kilometer, also zwei Stunden Fußweg von Nazareth entfernt.

Es wird niemanden überraschen, dass mir Antigones Bekenntnis in den Sinn kam, als die Antwort der Norweger auf das Massaker am 22. Juli 2011 im Jugend-Ferienlager Utoya bei Oslo durch die Medien ging: „Wir wollen auf den Hass mit noch mehr Liebe antworten." Die Norweger glauben daran, sie geben die Hoffnung nicht auf. Sie wollen auf die mörderische Logik des Bösen mit mehr als als nur mit härteren Gesetzen und noch besserer Polizeiarbeit reagieren. Es ist nicht weit von Theben nach Oslo.

Die *Kirche*
mit offenen Türen und Streit
unter Geschwistern

Wie Papst Franziskus auftritt, gefällt mir sehr. Und was er in seinem ersten Interview über die „Vergötzung des Geldes" gesagt hat, daran hätte Doktor Martinus Luther seine helle Freude gehabt. Dass er bei seinem Besuch des katholischen Weltjugendtreffens in Brasilien erklärte, junge Leute, die nicht protestierten, seien ihm nicht sehr sympathisch – großartig! Auch für die Homosexuellen fand er gute Worte – solange sie es nur sind und nicht als solche tätig werden. Mhmm. Und dann wurde „Franz" schmallippig, wie er eigentlich im Deutschen heißen müsste (siehe Paul und Benedikt), wohl aber wegen „dem Franz", dem Fußballkaiser, nicht genannt wird. Schmallippig, knapp, endgültig. Man hatte ihn gefragt, wann in der römischen Kirche Frauen zu Priesterinnen geweiht würden. Seine Antwort: „Die Tür ist geschlossen." Aus! Ende! Schade.

Die Papstzitate fielen in einer Zeit, in der die Evangelische Kirche in Deutschland Gegenstand erregter öffentlicher Debatten war, weil sie in einer Schrift ihr Familienbild weit geöffnet präsentierte. In dem Text wird die auf

Dauer angelegte Lebensgemeinschaft von Menschen ausdrücklich gewürdigt, gleich, ob es sich dabei um eine klassische Ehe zwischen Frau und Mann oder um eine gleichgeschlechtliche Beziehung handelt. Die Autorinnen und Autoren benennen die Sehnsucht fast aller Menschen nach lebenslang angelegter Gemeinschaft und ebenso die Tatsache, dass viele reinen Herzens versprochene Ehen dennoch scheitern. In diesen Fällen sei es gut und deshalb seelsorgerlich zu unterstützen, wenn es zu einem neuerlichen gemeinsamen Aufbruch käme.

Vor den Ferien 2013 war das, lange her. In Leserbriefen wurde den Evangelischen attestiert, sie würden die biblische Lehre vergessen. Katholische Bischöfe zeigten sich „erschüttert" (Kardinal Meisner) oder sahen einen „richtigen Riss" (Bischof Genn, Münster) in der Ökumene. Und auch aus der evangelischen Kirche gab es außerordentlich kritische Stellungnahmen. Was für die Leitartikler der Medien Anlass war, ihre Verwunderung darüber auszudrücken, dass es die Evangelischen nicht schafften, mit einer Stimme verbindlich für das Kirchenvolk zu reden.

Das wiederum erstaunte mich. Diese Kirche ist eine der „offenen Türen", der Debatten und Diskussionen, der Suche und des Unterwegsseins. Ja, genau dies ist ihre reformatorische Identität. Ihr Prinzip ist der immer neue Diskurs darüber, wie die befreiende Botschaft von der Liebe Gottes durch Jesus in die Lebenswirklichkeit der Menschen getragen werden kann.

Diesen Streit muss man nicht haben, siehe Papstwort zum Thema „Priesterinnen", wenn man die Tür geschlossen hält. Dann konzentrieren sich die Debatten auf die

Priesterseminare und theologischen Zirkel. Dort wird, wie ich persönlich erfahren habe, sehr offen und sehr gerne zum Beispiel über Sex in der Heiligen Familie und unter Jüngern diskutiert. Da fragen dann Studentinnen und Studenten, ob man von Maria nicht besser als der „Leihmutter" denn als der Mutter Gottes sprechen sollte. Oder man erörtert, ob die Ablehnung der blutsverwandten Familie durch Jesus und seine Jünger mehr als nur eine Verneinung der sippenbezogenen Denkweise und Rechtskultur war und was dies für die Gegenwart bedeute. Und ein Drittes: Warum die römische Kirche nicht stolz darauf hinweise, dass die klösterliche Klausur unverheirateter Männer und Frauen nicht auch ein grandioser Schutzraum für homosexuelle Beziehungen gewesen sei. Am Ende solcher Debatten wird dann manchmal mit heftigem Durchschnaufen festgestellt, wie schade es sei, dass man solche Dinge nicht wie in der Schwesterkirche synodal offen und öffentlich diskutieren könne.

War Maria nicht in Wahrheit die „Leihmutter" Gottes?

Die Kirche der Reformation hat es in dieser Hinsicht gut und doch ganz schlecht. In einer offenen Gesellschaft darf offenbar für viele vieles ein Thema des Diskurses sein und fast alles ein Ort dafür, nur nicht die Beziehung von Glauben und Welt, von göttlicher Liebe und menschlicher Fehlbarkeit, von Scheitern und Hoffen. Es ist gut, dass meine evangelische Kirche die Türen offen hält und das ganze Gottesvolk mitreden lässt, auch wenn ein Windstoß mal dickste Bücher aus den Regalen hauen kann.

Wem darf der
echte Deutsche
denn die Daumen drücken?

Wann ist ein deutscher Staatsbürger wirklich Deutscher? In einem Land wie dem unseren, das bis ins Jahr 1871 kein Nationalstaat war, scheint „Identität", zumal „nationale" oder, moderner gesagt, „kulturelle", ein sensibles Thema zu bleiben. So flackert seit 15 Jahren immer wieder die Debatte über die sogenannte „Leitkultur" durch Parlamente, Hörsäle, Weinstuben und Cafés. Bassam Tibi, der Politikwissenschaftler, gilt als Erfinder dieses Begriffes. Und für ihn war auch klar, was gemeint sei.

Einwanderer aus anderen Ländern, so Tibi, sollten sich kulturell integrieren. Das heißt: Demokratie, Trennung von Religion und Politik, individuelle Bürger- und Menschenrechte, Pluralismus und Toleranz sind die zu akzeptierenden Grundlagen des Miteinanders. Und die Sprache, die man beherrschen sollte, heißt „Deutsch". So!

Neulich hörte ich im Radio ein Gespräch mit Serdar Duran, einem jungen Unionspolitiker türkischer Herkunft. Dabei demonstrierte der Interviewer, dass er wohl aus Absurdistan eingewandert ist. Sein Sender behauptet, der Journalist stamme aus Rheinland-Pfalz.

Man sprach über die Regelung, dass junge Leute mit „Migrationshintergrund" bis zum 23. Lebensjahr entscheiden müssen, ob sie deutsche Staatsbürger sein wollen. Die beiden redeten, mäßig lustig, darüber, ob der deutsch gewordene Jung-Unionist aus München Lederhosen trage und Weizenbier trinke. Und dann fiel das ominöse Wort Leitkultur. Der Interviewer setzte hinzu: „Darf man der türkischen Nationalmannschaft die Daumen drücken?" Duran antworte: „Ja, warum nicht?" Der Journalist: „Weil beides nicht geht. Entweder Fan der deutschen National- mannschaft oder der türkischen." Antwort: „Ja. Aber was ich in meinem Wohnzimmer mache, das können Sie doch nicht beobachten." Recht hat er!

In meinem Wohnzimmer kann man sehen, dass ich dem FC Basel die Daumen drücke und mich kulturell trotzdem als Deutscher wahrnehme. Ich habe einen amerikanischen Freund, der mein Handy nicht abhört. Er stammt aus einer Familie irischer Herkunft und liebt die Musik der Dubliners. Sein Schwager, Familienname „Muller", feiert in Cincinnati gerne „Oktoberfest". Und er drückt einer Fußballmannschaft aus Gelsenkirchen die Daumen. Darf er das als US-Bürger?

Ich gestehe hier erneut, dass ich national weitestgehend unzuverlässig bin. Meine Freunde sind nach Württemberg geflohene Waldenser, die immer noch gerne französisch beten. Einer meiner Vorfahren war Hugenotte, den die Ansbacher Markgrafen ins Land ließen. Neulich, als ich Metz besuchte und durch das Département Lorraine fuhr, war mir ganz hugenottisch zumute.

Und dann tranken wir in Rheinhessen deutschen Wein. Ich hab ihn genossen, obwohl ihn die Römer und die

Kelten in unser Land geschleppt haben. Bier hingegen mag ich überhaupt nicht.

Wenn ich im Kiosk an der Ecke mit dessen Besitzer namens Cemal über Fußball tratsche, sind wir uns ebenso oft einig wie uneinig. Er, in Frankfurt-Sachsenhausen aufgewachsen, ist Eintracht-Fan, ich – wie hier schon zugegeben – halte neben Basel noch dem anderen FCB in München die Treue. Aber Cemal und ich mögen Galatasaray Istanbul und freuen uns, wenn das Team im Stadtderby gegen Fenerbace oder Besiktas gewinnt.

Lederhosen muss er keine tragen – und ich auch nicht

Neulich wurde ich gefragt, ob ich es nicht auch schön finde, dass Berlin endlich wieder deutsche Hauptstadt sei. Ist mir ziemlich egal, antworte ich. Wenn ich die Wahl zwischen Bonn und Berlin habe, entscheide ich mich historisch für Frankfurt (Königswahl und Paulskirche) oder kulturell für Wien. Und dann frage ich mich, was geworden wäre, wenn die Preußen nicht ihre „kleindeutsche" Lösung durchgesetzt hätten. Als Citoyen frage ich mit dem Mainzer Jakobiner Georg Forster (1792): „Sind Liberté und Egalité nicht mehr dieselben Kleinode der Menschheit, wenn wir sie Freiheit und Gleichheit nennen?" Wenn er über die Nachbarn im Westen sprach, nannte er sie „unsere Brüder, die Franken". Und ich drücke Serdar Duran die Daumen, dass er sich auch außerhalb seines Wohnzimmers als Deutscher an türkischem Fußball freuen kann. Lederhosen muss er keine tragen – und ich auch nicht.

„Ohne Kopftuch!

Die wissen doch nicht,
was sich gehört"

Kopftuch! Klar bin ich dagegen, dass Frauen gezwungen werden, aus religiösen oder sonstigen Gründen Kopftücher zu tragen. Und dies nicht erst seit Neuestem. Ich kann mich noch gut daran erinnern, wie seltsam ich diese Kopfbedeckung schon in den 60er Jahren fand. Im Jahr 1966 war es, als meine Urgroßmutter im Alter von 94 Jahren gestorben war und begraben wurde. Im schönen Bad Mergentheim an der Tauber. Uroma stammte aus einer riesengroßen mittelfränkischen Familie. So war es nicht weiter verwunderlich, dass eine gewaltige Schar von Männern und Frauen aus dem halben Frankenland zu dieser Beerdigung erschien. Für mich, gerade mal neun Jahre alt, der aufregendste Tag meines bisherigen Lebens.

Um 15 Uhr sollte die Trauerfeier in der Kapelle des Friedhofs beginnen. Eine Stunde vorher begannen die Trauernden einzutrudeln. Und so, wie sie ankamen, klinkten sie sich ein in das fortlaufende Rosenkranzgebet, wie es unter dem Warten vor katholischen Begräbnissen damals gesprochen wurde. Der halblaut gemurmelte Singsang beeindruckte den kleinen Arnd.

Aber was mich noch mehr faszinierte, war die Tatsache, dass die Hereinkommenden ohne langes Zaudern nach Geschlechtern getrennt in die Bänke strebten. Die Männer links, die Frauen rechts. Und aus diesen Bänken erscholl nun im Wechselgesang hell, dunkel, hell, dunkel das vielteilige Rosenkranzgebet mit mehreren „Gegrüßet seist du, Maria" und – soweit ich mich erinnere – abschließendem Vaterunser.

Die Männer hatten fast alle beim Weg durch den Friedhof schwarze Hüte getragen, die sie beim Eintreten abnahmen. Die Frauen trugen Kopftücher – auch im Inneren der Friedhofskapelle. Meine geflüsterte Frage beantwortete die neben mir sitzende Oma knapp und fauchend: „Ehrbare Frauen machen das so."

In einer Gebetspause wollte ich dann wissen, was „ehrbar" sei. Und Oma: „Keine Schicksen halt. Mütter, verheiratet, im Glauben an Gott." Es klang wieder sehr harsch, wie meine geliebte Großmutter das rausfeuerte. Sie bemerkte, dass der Enkel ein wenig irritiert neben ihr saß. „Schau, da drüben", flüsterte sie mir ins Ohr, „das ist die Frau des Landrats. Lutherisch, das falsche Gesangbuch. Aber sie weiß, was sich gehört. Trägt Hut." Stimmt. Einen scheußlichen hellbraunen Hut, mit Federn hinten und einem Schleier vorne. Ich sagte Oma, ich müsse kurz noch einmal austreten.

Draußen vor der Tür stand die Stadt-Verwandtschaft und rauchte im nieseligen Regen. Männer und Frauen in schwarzen oder dunkelblauen Nylonmänteln. Die Jungs barhäuptig. Viele von ihnen mit einer sogenannten Elvis-Tolle und reichlich Gel. Die Mädels mit pompösen, hochtoupierten Frisurkunstwerken, zusammengehalten von vielen Dosen Haarspray, ihre Beine in schwarzen Nylonstrümpfen, dazu hochhackige Pumps. Gefiel mir, wie sie da standen, scherzten und rauchten. Gefiel mir gut!

Als ich dann wieder auf meinen Platz neben Oma schlüpfte, erzählte ich ihr, was ich gesehen hatte. Naserümpfend und ziemlich laut schimpfte sie: „Das sind Schicksen! Und Spitzbuben, die nicht wissen, was sich gehört. So läuft man nicht einmal in München rum!" Und Tante Gerdi fügte hinzu: „Und in Stuttgart auch nicht. Des isch so empörend! De Jonge wisset oifach net, wie mer sich benimmt." Dreißig Hüte wackelten im selben Rhythmus. Das energische, zustimmende Nicken der anständigen Frauen nahm kein Ende.

Die hochtoupierten Mädelsfrisuren gefielen mir sehr gut...

„Ich find' aber die Frisur von Tante Babsi mit den schwarzen Haaren schon ganz toll!" Was ich da mit heller Stimme in die Trauerversammlung krähte, ließ strafende Blicke zu meiner Mutter folgen. Sie saß hinter uns. Und als dann auch noch Cousine Beate in glockenhellem Sopran ergänzte – „Das ist halt modern. Wenn ich groß bin, toupiere ich auch!" –, schien das Ende eines kultivierten Zeitalters in der Familie anzubrechen.

Neulich habe ich Tante Gerdi, inzwischen hochbetagt, wieder getroffen. Sie klagte über die armen türkischen Frauen, die Kopftücher tragen müssen. An Uromas Beerdigung und ihren Spruch damals mochte sie sich nicht mehr erinnern. „Bub, des isch doch scho fuffzich Jahr her!" Das ist nicht lange, finde ich.

Bio zu bio,
Müll zu Müll!
Anständige Menschen machen
das einfach!

Ja, er hat den Müll wieder nicht getrennt!" Mein Freund Siggi hat einen neuen Nachbarn. „Ich hab nichts gegen ihn. Im Gegenteil. Als er vor drei Monaten einzog, haben wir ihn freundlich begrüßt." Siggis Frau Marlene stellte ihm gar einen Korb mit selbst gemachter Marmelade, anderen kleinen Köstlichkeiten und einem Herzlich-willkommen-Schild vor die Wohnungstür.

Der Nachbar revanchierte sich und lud die beiden auf ein Gläschen Wein ein. „Er hat uns erzählt, dass er gerne Musik höre; wenn es uns zu laut sei, sollten wir ihm Bescheid sagen. Alles gut, alles easy", berichtet Marlene. „Nur dass er den Müll nicht trennt", stöhnt Siggi. Meine Frage, ob das denn so wichtig sei, in unserer Jugend hätte man gar nicht gewusst, was Mülltrennen bedeute, bringt der beiden Blut in Wallung. „Na, hö ma!", rufen sie synchron (sie stammen aus dem Ruhrgebiet). „Na, hö ma, das geht doch nicht! Für den Müll im schwarzen Eimer zahlen wir. Dann haben wir noch die Biotonne. Der gelbe Sack ist gratis." Also, das ist der Grund. Der Nachbar verteuert die Müllabfuhr.

Ich solle keinen solchen Quatsch erzählen, faucht Siggi. Es gehe nicht um Geld. Es gehe um die Umwelt und um einen nicht dauernd übervollen Eimer. Und Marlene – sie sind gut eingespielt – setzt drauf: „Da muss man doch gar nicht drüber diskutieren. Das ist eine Frage des Gewissens. Ich könnte gar nicht ruhig einschlafen, wenn ich meinen Müll nicht sortieren würde. Als anständiger Mensch macht man das einfach. Punkt."

Es wurde dann doch noch ein schöner Abend mit den beiden. Eines immerhin haben sie erreicht. Die Beziehung zwischen der Mülltrennung und dem guten Gewissen beschäftigt mich nachhaltig – im wahrsten Sinne des Wortes. „Moral predigen ist leicht", soll der Philosoph Arthur Schopenhauer geschrieben haben, „Moral begründen schwer." In diesem Sinne hallte in mir Marlenes Satz noch weit nach Mitternacht, während ich mich auf meinem Lager wälzte: Als anständiger Mensch macht man das einfach. Punkt.

Mein Urgroßvater bellte meine Mutter, seine Enkelin, an: „Du liest zu viel! Das verdirbt den Charakter. Anständige Mädchen tun so was nicht." Mein Onkel wollte dem Teenager Arnd mit der Schere an die langen Haare: „Anständige Buben haben die Haare kurz!" Übrigens derselbe Onkel, der gerne und häufig posaunte: Ein gutes Gewissen ist ein sanftes Ruhekissen!

Was heißt das? Was bedeutet: Ich kann dies nicht mit meinem Gewissen vereinbaren? Und der andere, der böse Müllmischer, ist gewissenlos? Wenn er wenigstens ein schlechtes Gewissen hätte? Was hatte Siggi noch geraunzt: „Der schämt sich nicht, vor unseren Augen Glasflaschen, Joghurtbecher und Salatabfall in die Mülltonne zu stopfen!

Schämt sich nicht!" Schamlos. Schlimmer als gewissenlos? Das Schlimmste ist die Kombination zwischen beiden Losigkeiten. Halt! Am bösesten ist „schamlos-gewissenlos-rücksichtslos". Auf los geht's los!

Die Gedanken dieser Nacht waren auch am Morgen, nach ein paar Stündchen Schlaf, noch nicht verflogen. Es gibt einen Konformitätsdruck in jeder Art von menschlicher Gemeinschaft: Leute wie wir tun so was nicht! Unsereins macht das so und nicht anders! Man muss ein Signal der Zugehörigkeit setzen. Gerade als Hinzukommender.

Das ist doch eine Frage des Gewissens!

Eine Vielfalt der Lebensstile, des Umgangs mit Müll, mit Lautstärke von Musik, mit Tag und Nacht, ist die größte Herausforderung für nachbarschaftliches Miteinander. Gedankenverloren leerte ich den Kaffeefilter – natürlich in den Biomüll.

Dann ist mir Marlene im Supermarkt begegnet. „Du kaufst nicht bio?", fragte ich. „Hö ma: So viel Geld haben wir nicht. Das können nur reiche Leute. Dat is viel zu teuer!" Mhmmm. Und wie geht es dem neuen Nachbarn? „Super!" Er hat ihnen seine Lebensgefährtin vorgestellt. „Die zieht nächste Woche bei ihm ein. Und rat mal, wat sie gleich im ersten Gespräch gesagt hat?" Marlenes Grinsen ist immer filmreif. „Sie bringe Ordnung in sein Leben. Das fängt beim Mülltrennen an. Deine Nachbarn, habe sie ihm gesagt, die zeigen, wie man das macht. Eine anständige Person! Und er stand daneben und lächelte ganz lieb." Na also!

Christen und
der Krieg.
Was ist gerecht und was ist Sünde?

Als sich vor rund zwanzig Jahren der Krieg um Bosnien zuspitzte, wurde der damalige Präses der Evangelischen Kirche im Rheinland, Peter Beier, in einem Radio-Interview zu seiner Haltung zu einem militärischen Eingreifen der NATO und Deutschlands in den blutigen Konflikt befragt. Und der Interviewer verband seine Frage mit einer anderen: was denn, von einem christlichen Standpunkt aus betrachtet, die richtige Position sei.

Beiers Antwort geistert mir immer noch durchs Gehirn, wenn ich die Diskussionen über militärische Eingriffe des Westens im Irak, in Syrien oder in der Ukraine verfolge. Beier begann: „In dieser Frage kann uns das liebe Jesulein nicht helfen." Es gebe kein durch Bibel und Theologie begründbares Dogma, ob eine militärische Intervention richtig sei oder verwerflich.

Gut evangelisch wies Beier auf Martin Luthers Rechtfertigungslehre hin, nach der wir zugleich Gerechte und Sünder seien (lateinisch: simul iustus et peccator). Wir müssten unser Gewissen befragen und uns entscheiden.

Und dabei könne es passieren, dass wir etwas für gut und richtig hielten, was sich im Nachhinein als falsch, als sündig herausstelle. Das gelte auch in der Frage militärischen Eingreifens. Und zwar in beiden Fällen. Es gebe nur einen Ausweg für Christenmenschen: Sie müssten um die richtige Lösung miteinander ringen, also streiten. Ziel sei, das „am wenigsten Schlechte" zu tun.

Beier starb bereits 1996 nach einem Herzinfarkt, 61 Jahre alt. Dies sind freie Zitate aus meiner Erinnerung. Aber sie beschreiben gut die völlig unspektakuläre Differenz zwischen dem evangelischen Theologen und Bundespräsidenten Joachim Gauck und der evangelischen Theologin Margot Käßmann. Das gemeinsame öffentliche Ringen darum, wie mit fundamentalistischen Mördern, nationalistischen und machtgierigen Provokateuren richtig umzugehen sei, ist reformatorisch die angemessene Haltung. Es unterscheidet uns gerade von jenen, die behaupten, im alleinigen Besitz der Wahrheit zu sein und diese im Zweifelsfall mit Mord und Totschlag durchsetzen zu können.

Die Sehnsucht benennen und den kleineren Fehler machen...

Es ist zudem eine Lernerfahrung für die Theologen aus den großen Kriegen des 20. Jahrhunderts. Im Ersten Weltkrieg vor hundert Jahren stand „Gott mit uns" auf deutschen Koppelschlössern, Helmen und Waffen. Im Zweiten Weltkrieg war den Alliierten zu danken, die mit ihrer Landung an der Küste der Normandie am D-Day, dem 6. Juni 1944, die Westfront gegen Nazideutschland eröffneten. Nach

Millionen Toten und Massenmorden an jüdischen Menschen konnte elf Monate später mit der deutschen Kapitulation der Krieg beendet werden.

Bei der historischen Auseinandersetzung mit den alliierten Bombenangriffen gegen die deutsche Zivilbevölkerung übersehen gerade britische und US-amerikanische Analysen nicht, dass maßlose Bombardements auf Städte wie Darmstadt, Würzburg, Hamburg oder Dresden kaum verantwortbare Opfer forderten. Dennoch: Hätte der Westen das europäische Schlachtfeld alleine Hitler und Stalin überlassen, wären nicht Jungs aus Ohio oder Ontario gelandet und in diesem Krieg gefallen, wir würden heute nicht in einer freiheitlichen Demokratie offen und kontrovers über die Ethik von Krieg und Frieden debattieren.

Theologen wie Margot Käßmann muss es dabei erlaubt sein, Utopien wie die eines Staates ohne Armee zu formulieren. Der Sehnsucht nach Frieden Ausdruck zu verleihen, ist ebenso wenig unanständig, wie zu fragen, ob es nicht das kleinere Übel sein kann, militärische Gewalt einzusetzen, um einen Völkermord zu verhindern. Nichts anderes hat der Bundespräsident getan.

Christen müssen es sich schwermachen – so oder so. Und wenn sich dann später herausstellt, dass das für gut Gehaltene nur gut gemeint, aber leider schlecht war, gebietet es die Einsicht in die Unvollkommenheit irdischer Existenz, dies freimütig einzuräumen. Was man darüber hinaus in jedem Fall tun kann: beten! Beten, dass jene, die im Namen Gottes oder Allahs unterwegs zu sein meinen, erkennen, wie höllisch ihr Tun ist, und das Morden und Quälen sein lassen.

Merkwürdig aktuell:
Gedanken aus dem Jahr
1947

Zufällig habe ich gerade in alten Unterlagen geblättert und bin dabei auf einen Text von Ignazio Silone aus dem Jahr 1947 gestoßen. Silone, 1900 geboren, war ein vom Stalinismus enttäuschter Linker und ein kirchenskeptischer, doch überzeugter Christ. 1930 ging er in die Schweiz ins Exil, kehrte nach dem Weltkrieg in die italienische Heimat zurück, wurde zur moralischen Instanz, ließ sich vor keinen Karren spannen. Er starb 1978.

Der Text, adressiert an eine selbstzufriedene Nachkriegsgesellschaft: „Die Gerechtigkeit wird jeweils dann angerufen, wenn es uns bequem ist. Es liegt aber auf der Hand, daß die Krise unserer Zeit nicht ernsthaft verstanden werden kann, wenn wir nicht ihren allgemeinen Charakter sehen. Keine einseitige Verdammung von Sündenböcken kann in unserm Bewußtsein das Gefühl einer gemeinsamen Schuld zum Schweigen bringen." Und weiter: „Das Heil liegt ausschließlich in einer ehrlichen, geraden, unmittelbaren, beständigen Treue zur tragischen Wirklichkeit, der Basis der menschlichen Existenz. Der Archetyp dieser Wirklichkeit ist für die Christen das Kreuz. Im Leben des einzelnen ist es die Unruhe des Menschenherzens, die kein

Fortschritt, keine politische Veränderung je stillen kann. Auf der Ebene der Geschichte ist es das Leid der Armen und trägt verschiedene Namen… Aber es ist eine schmerzliche Wirklichkeit, die einzige wirklich ökumenische, alles umspannende Wirklichkeit der menschlichen Geschichte."

Den Text weggelegt. Gedanklich nach Syrien gereist, in die Ukraine, zu den Ebola-Toten in Liberia und Sierra Leone. Und dann Silone zugerufen: Mann Gottes! Wie recht hattest du vor 67 Jahren! Und wie recht hast du noch immer. Es wird nicht besser, es wird anders. Und dann höre ich im Radio die Geschichte aus Dinslaken-Lohberg. Von dort aus zogen junge Männer als Kämpfer für die IS-Terroristen nach Syrien und in den Irak. Einer von ihnen, Philipp mit Namen, soll bei einem Selbstmordattentat mit einem Lkw voller Sprengstoff zwanzig Kurden und sich selbst im Nordirak getötet haben. Ein anderer, Mustafa, posierte auf einem Video mit einem abgeschlagenen Kopf.

Aus Sündenböcken wieder Mitmenschen machen

Etwa 100 der vielleicht 400 deutschen Dschihadisten sind wieder im Land. Viele gelten als potenzielle Terroristen. Einige aber sind völlig desillusioniert. Auch vier Jungs aus Lohberg zählen zu ihnen. Und das Erstaunliche: Die örtliche DITIB-Moschee, die Kirchengemeinden, die Stadt Dinslaken haben sich zusammengetan und unterstützen die Familien der jungen Männer bei deren Wiedereingliederung in die Gesellschaft – von medizinischer Betreuung bis hin zur Jobsuche.

Die deutschen Türken oder türkischen Deutschen in Lohberg „kehren nichts unter den Teppich", wie Özkan Yildiz vom Moscheeverein sagt. Sie haben zusammen mit christlichen und politischen Partnern einen „Appell gegen Hass" unterzeichnet, bekennen sich zur gemeinsamen Verantwortung. Hörst du das da oben, Silone?

„Wir sind das Volk", hieß die Parole in Leipzig oder Berlin vor 25 Jahren, mit der die Friedliche Revolution die Diktatur in der DDR beendete. Drei Jahre später skandierten in Rostock-Lichtenhagen Hunderte von Rechtsextremen unter dem Applaus von 3000 Menschen „Deutschland den Deutschen, Ausländer raus!", das Ziel ihrer Parolen und Brandfackeln: ein Wohnheim für ehemalige vietnamesische Vertragsarbeiter in der DDR und die Zentrale Aufnahmestelle für Asylbewerber.

Wie damals in Rostock gilt heute in Dinslaken und anderswo: Es genügt nicht, mit den Fingern auf die Bösen zu zeigen. Die Anerkennung der schmerzlichen Wirklichkeit im Sinne Ignazio Silones bedeutet: Angegriffene, Arme und Kranke schützen, aber auch denjenigen, die sich in Gewalt und Feindseligkeit verirrt haben, einen Weg zurück in Liebe und Hoffnung zu öffnen. Das ist im wahrsten Sinne des Wortes „verdammt" schwer. Die Zeit ist reif für eine Ökumene der Einsicht in die unauflösliche Tragik menschlicher Existenz. Und Muslime, die Toleranz, Gewaltfreiheit und Nächstenliebe aus dem Islam herleiten – wie in Dinslaken –, sind uns Brüder und Schwestern.

Wer den Himmel
auf Erden verwirklichen will,
produziert stets
die Hölle!

Der Christengott ist kein Kistengott. Auch wenn viele seiner sogenannten Gläubigen meinten, aus ihm einen machen zu können – notfalls mit Gewalt, mit Blutvergießen und Hinrichtungen. Die Guten kommen ins Töpfchen, die Schlechten ins Kröpfchen. Und weil der Herr das nicht alleine kann, müssen ihm die Frömmsten den Arm leihen. Die Geschichte des sogenannten Abendlandes ist voll von Kreuzzügen, Heiligen Kriegen, Ketzerverbrennungen, „gerechten" Morden an Heiden.

Ein besonders eindrucksvolles Beispiel war im Juli 1209 der Kreuzzug gegen die Katharer im südfranzösischen Béziers. Ein offizieller Kreuzzug von Christen gegen Christen, die eine Lehre strengster Enthaltsamkeit und Armut verbreiteten. Bei dem Massaker in Béziers fanden 20 000 Menschen den Tod. Als die Kreuzfahrer ihren geistlichen Begleiter, den päpstlichen Gesandten Arnaud Amaury, fragten, woran sie denn erkennen sollten, welche Einwohner der Stadt Katharer seien und welche nicht, riet der Befragte: Caedite eos! Novit enim Dominus qui sunt eius – Tötet sie alle, der Herr wird die Seinen erkennen!

Gott der Vater, so sah es der Menschensohn Jesus, liebt. Und wer liebt, tötet nicht. Lieber lässt er sich ermorden, hinrichten, kreuzigen, als dass er dies einem anderen zufügt. Schwer! Verdammt schwer! Im wahrsten Sinne des Wortes.

Wenn ich mir nach Terrormorden – wie in Paris an Journalisten und Karikaturisten des Satiremagazins „Charlie Hebdo" – die Bergpredigt des Jesus vornehme, wird mir wieder bewusst, dass der Verzicht auf Gewalt gegen Gewalt die brutalste Herausforderung des Nazareners an seine Gemeinde darstellt: „Ihr habt gehört, dass gesagt ist: Du sollst deinen Nächsten lieben und deinen Feind hassen. Ich aber sage euch: Liebt eure Feinde und bittet für die, die euch verfolgen."

Vielleicht lacht auch Mohammed über die Mohammed-Karikaturen

Jesus spricht in seiner Bergpredigt von dem, was der Philosoph Karl Popper fast zweitausend Jahre später die „Offene Gesellschaft" nannte und mit dem Bild versah: Wenn Menschen und Theorien aufeinanderprallen, müssen im Zweifelsfall Theorien sterben und nicht Menschen. Und fast biblisch deutlich fügt Popper hinzu: „Der Versuch, den Himmel auf Erden zu verwirklichen, produziert stets die Hölle." Diese offene Gesellschaft, das Streiten ohne Gewalt, müssen wir verteidigen. Mit der Kraft unserer Seelen und im Wissen, dass all unsere Erkenntnis und auch die Ahnung vom Paradies vorläufige, irdische Sehnsüchte bleiben.

Wir sollten mit jenen im Gespräch bleiben, die der Versuchung einfacher und endgültiger Lösungen nicht widerstehen können. Und mit jenen, die auf Beleidigungen und Verunglimpfungen nur die Antwort Gewalt kennen. Die Seinen, im Sinne Jesu, erkennt man daran, dass sie sich auch von schrecklichen und mörderischen Feinden nicht deren Spielregeln aufdrängen lassen: Hass mit Hass, Gewalt mit Gewalt vergelten. Also kein antifundamentalistischer Fundamentalismus! Und: Keine Panik! Noch mal Bergpredigt? Ja! „Selig sind die Sanftmütigen; denn sie werden das Erdreich besitzen! Selig sind die Friedfertigen, denn sie werden Gottes Kinder heißen!" Also: Lasst sie alle leben! Der Herr wird die Seinen auch so erkennen!

Und einer der Seinen soll Mohammed geheißen haben. Von dem es nur keine Bilder geben sollte, weil er nicht „vergöttlicht" werden wollte. Vielleicht sitzt er – nur ein Bild – neben Karl Popper auf einer Wolke, lacht sich über Mohammed-Karikaturen kaputt und findet es saublöd, wenn jemand nach Mordtaten brüllt: „Mohammed ist gerächt!" Mohammed: „Gerächt? Das ist Unrecht!" Und dann setzt sich als Dritter Stéphane Charbonnier auf die Wolke, der ermordete „Charlie Hebdo"-Chefredakteur. Er entrollt ein Poster: „Seid fröhlich und getrost; es wird euch im Himmel reichlich belohnt werden. Denn ebenso haben sie verfolgt die Propheten, die vor euch gewesen sind." Und Mohammed sagt: „Unglaublich, was unser Freund, der Prophet Isa ibn Maryam, an tollen Sprüchen rausgelassen hat." Isa ibn Maryam? „Euer Jesus! Der ist auch unser Prophet!" Na denn…

Sicherheit
wächst nur dort, wo die

Freiheit

am Leben bleibt

Wie ist das möglich? Kann man so etwas denn nicht verhindern? Nach der Flugzeugkatastrophe mit 150 Todesopfern in den französischen Alpen im März 2015 geisterten Fragen wie diese durch Wohnzimmer, Büros und alle Medien. Zuerst: Dieser Mist von Technik! Computergesteuerte Maschinen! Dann: Der Kopilot! Alleine! Geschlossene Türe! Psychisch krank!

In Zeiten der Not treibt die Verzweiflung die seltsamsten Blüten. Das war zu allen Zeiten so. Und es wird so bleiben. Hilf uns! – Die an die Adresse der Götter oder des einen Gottes gerichteten Notgebete bekunden die Ohnmacht angesichts des Entsetzlichen. Die Suche nach Schuldigen – verbunden mit der Bitte um himmlische Hilfe dabei – und die Frage, ob das Unglück nicht lehre, ähnlich Höllisches künftig vermeiden zu können, sind legitim. Es ist jedoch wichtig zu erkennen, dass es das Wesen der Katastrophe ist, Menschen ihre irdische Unvollkommenheit vor Augen zu führen.

Ein (vermutlich erfundenes) Zitat Lenins geht mir durch den Kopf: Vertrauen ist gut, Kontrolle ist besser. Lenins

Schüler haben im real existierenden Sozialismus das Leitwort zu realisieren versucht. Einer der konsequentesten Umsetzer dieser Haltung hieß Erich Mielke. Als im Januar 1990 Aktivisten der friedlichen Revolution die Ostberliner Zentrale der Staatssicherheit besetzten, trauten sie ihren Augen kaum. Mit der berüchtigten Perfektion deutscher Behördenmentalität hatten Mielke und Co. versucht, jeden Winkel ihrer Gesellschaft auszukundschaften. Sie scheuten – wie im Falle der Vera Lengsfeld – nicht einmal davor zurück, Ehepartner zu informellen Mitarbeitern zu machen. Das Ergebnis: Die totale Kontrolle erstickte die sozialistische Welt. Und die Idee der Freiheit feierte einen Sieg.

Vom Flugzeugunglück in den totalitären Staat? Ist das nicht ein ziemlich seltsamer Pfad in diesen Notizen? Ja! Und: Nein! Totalitarismus kann auch ein medizinisches oder ein technologisches Gesicht haben. Als Sehnsucht nach mehr Sicherheit, nach Frieden und Freiheit von Gewalt und Tod, ist die Idee zu achten. Es ist aber auch nötig, vor ihrer vollständigen Realisierung zu warnen. Das Unglück in den französischen Alpen liefert einen wichtigen Hinweis für diese Warnung. Wenn die Tür zum Cockpit von innen so verriegelt war, dass der Chefpilot sie bei seiner Rückkehr nicht zu öffnen vermochte, lag das an den Erfahrungen mit dem massenmörderischen Terror am 11. September 2001. Nie wieder sollte es Tätern gelingen, in die Kanzel der Piloten einzudringen. Der Versuch, ein Risiko zu beseitigen, erzeugte ein anderes.

Das Leben selbst ist ein „Wagnis" – so lautet die Übersetzung des Wortes „Risiko" ins Deutsche. Jede Tragödie, jedes Unglück sollte uns darauf hinweisen, dass es die andere Seite des Lebens gibt: Vertrauen wagen. Die millionenfache Zahl von Situationen, in denen man sich als Mensch vertrauensvoll in die Hände anderer begibt, ohne dass etwas schiefgeht. Busse, Straßenbahnen, Züge – und Flugzeuge. Ohne Vertrauen in Menschen oder menschlich produzierte Technik kann man nicht mal vor seinem Fernseher sitzen.

Sehnsucht nach Perfektion: ja!
Realisierung: außerirdisch

Alles Vollständige, alles Totale und Perfekte ist und soll außerirdisch bleiben. Übermenschlich wird unter irdischen Bedingungen unmenschlich. Die Menschen müssen Maß bleiben. Gerade in dem Monat, da vor 70 Jahren der schrecklichste aller Kriege jenes System zerstörte, das den millionenfachen Massenmord an „Untermenschen" praktizierte, sollte man sich dies vor Augen führen. „Wollt ihr den totalen Krieg?", brüllte Joseph Goebbels in die Menge. „Jaaa!", antwortete sein Publikum. Noch mal Goebbels: „Und wir gehen in ihn wie in einen Gottesdienst!" Nach zwölf Jahren war das „Tausendjährige Reich" am Ende – Gott sei Dank. Und die Retter? Verursachten 1945 die Atombombenexplosionen über Hiroshima und Nagasaki.

Fehler, Katastrophen, Unglücke sind Teile unserer Existenz. Ich plädiere dafür, einander zu vertrauen, zu unterstützen und nachsichtig zu sein. Sicherheit kann nur da wachsen, wo die Freiheit nicht im wahrsten Sinne des Wortes zu Tode kommt.

Quellenverzeichnis

Über Gottesbilder, Areligiöse
und meine Vorstellungen vom Himmel

Nur mal 'ne Frage, ich bin ja nicht gläubig:
Wie ist das mit Gott?
chrismon Nr. 5/2008

Ich bin groß, stark, mutig, weise und glaubwürdig!
Über Behauptungen, die verkappte Bitten und Gebete sind
chrismon Nr. 10/2008

Gott ist ein Liebender. Ein bisschen mehr Gottesähnlichkeit
täte uns allen ganz gut
chrismon Nr. 11/2008

Wie viel Religion steckt in der Feststellung:
Das war heute nicht mein Tag?
chrismon Nr. 3/2010

Ich weiß genau, wie ich mir die Zukunft vorstelle.
Nur, ob es wirklich so kommt?
chrismon Nr. 4/2010

Es gibt eine Not, in der man das Beten verlernt. Da hilft nur
noch schimpfen und zetern
chrismon Nr. 7/2010

Warum soll Gott Geschöpfe bestrafen, die er als Sünder
geschaffen hat? Über Atheisten und einen guten Jahrgang
chrismon Nr. 6/2011

Warum etwas wahr sein kann, was sich jemand mal so
ausgedacht hat
chrismon Nr. 6/2012

Eine Göttin, die Borussia und Martin Luther
chrismon Nr. 1/2013

Im Himmel sind die Doofen und die Allerletzten
chrismon Nr. 8/2014

„Oh Gott! Ihr kennt ihn wirklich! Das ist ja unfassbar!"
chrismon Nr. 3/2015

Über den Wunsch nach Perfektion, Jesus, den Säufer, und das menschliche Maß

Warum man jemandem Zufriedenheit wünschen sollte, selbst wenn er sie wahrscheinlich nie anstreben wird
chrismon Nr. 6/2008

Warum die Gesundheit der Abglanz der Unsterblichkeit ist
chrismon Nr. 9/2009

Zwischen Stepper und Saunagang – der Ablasshandel im Wellnesstempel
chrismon Nr. 12/2009

Man kann alles optimieren. Ob es dabei auch besser wird, ist eine ganz andere Frage
chrismon Nr. 8/2010

Wie geht es uns denn? Von Vereinnahmung und Allerweltsweisheiten
chrismon Nr. 12/2010

Wenn Iris ihre Nachbarn bekocht, kommt das meiner Vorstellung vom Abendmahl Jesu ziemlich nahe
chrismon Nr. 4/2011

Ein Prosit auf Jesus, den Fresser, Weinsäufer und Freund der Sünder!
chrismon Nr. 1/2012

Über Kommunikation, unspektakuläre Tugenden und die Notwendigkeit des Streitens

Vom Glück der schrankenlosen Kommunikation
in beschränkten Situationen
chrismon Nr. 2/2012

Sie wollen doch nur ihre Ruhe, die beiden älteren Leute.
Und halt ein bisschen helfen. Mehr nicht
chrismon Nr. 7/2012

War das jetzt ein fröhliches Gespräch, oder haben wir Krach
gemacht? Grenzerfahrungen im Großraumwagen
chrismon Nr. 10/2012

Ein Geschenk? Nicht nötig? Du bist ja verrückt!
chrismon Nr. 11/2012

Wer liebt, muss streiten
chrismon Nr. 3/2013

Die Kunst der Wahrnehmung und des Verstehens
chrismon Nr. 4/2013

Ich bin kein Kelte,
aber wie die im Biergarten erzählt haben!
chrismon Nr. 6/2013

Wer bestimmt hier, wer welche Klamotten anziehen darf?
chrismon Nr. 8/2013

Die Sehnsucht nach Monica und Kirchenbänke
unter Denkmalschutz
chrismon Nr. 2/2014

Wer sein eigenes Leben erobern soll, braucht Gegner
chrismon Nr. 6/2014

Halte still und sei mein Gast – raus aus der Küche!
chrismon Nr. 10/2014

Über Fremdheit, Sicherheit und
das Wagnis des Vertrauens